Peter König, Uta Santos-König / BERBERIS, RHODODENDRON, CONVALLARIA

Lektorat: Ulrike Hennemuth

© 1997 Ulrich Burgdorf Verlag, Göttingen, West Germany.
Alle Rechte vorbehalten, insbesondere die der teilweisen oder vollständigen Übertragung in fremde Sprachen oder der auszugsweisen Wiedergabe. Kein Teil dieses Buches darf in irgendeiner Form — durch Photokopie, Mikroverfilmung oder irgendein anderes Verfahren — ohne ausdrückliche schriftliche Genehmigung des Verlages reproduziert werden. Es darf auch nicht in eine für Maschinen, insbesondere solche der elektronischen Datenverarbeitung, verwendbare Sprache übertragen oder übersetzt werden.

Druck und Bindung: Druckerei Kinzel, Göttingen

Printed in Germany

ISBN 3-922345-75-1

BERBERIS,

RHODODENDRON,

CONVALLARIA

TRAUMGESCHEHEN UND
PSYCHODYNAMIK
DREIER ARZNEIPRÜFUNGEN
(1992-94)

PETER KÖNIG

UTA SANTOS-KÖNIG

Mit einem Vorwort von
EDWARD C. WHITMONT

Burgdorf Verlag

INHALTSVERZEICHNIS

VORWORT 7

EINLEITUNG 13

GEDANKEN ZUR TRAUM-BE-DEUTUNG IN DER HOMÖOPATHIE 19

BERBERIS 33
    GRUPPENBILD MIT AMEISE 36
    DIE PFLANZE BERBERIS 39
    TRAUMBEGEGNUNGEN MIT BERBERIS 39
    BERBERIS-TRÄUME UNTER PLACEBO 50
    BERBERIS SELBST AUF DER TRAUMBÜHNE? 52
    DAS FRAUENBILD BEI BERBERIS 53
    BERBERIS BEIM MANN? 57
    NEU IM REPERTORIUM — MIT BLEISTIFT! 59
    ERSTE ERFAHRUNGEN UND BESTÄTIGUNGEN AUS DER PRAXIS 60
        Katharina — Hypertonie 61
        Erfahrungen anderer mit Berberis 77
    BERBERIS-PRÜFUNGSSYMPTOME 77

RHODODENDRON 87
    VORTRÄUME — INITIATIONSTRÄUME? 89
    RHODODENDRON BISHER UND
    NEUE RHODODENDRON-SYMPTOME 90
    DIE VÄTER VON RHODODENDRON — TRAUMAUSWAHL UND
    HYPOTHESE 96
    NEU IM REPERTORIUM 105
    VOM GIFTIGEN HONIG DER »SCHÖNEN PEST« 109
    RHODODENDRON BEI PATIENTEN MIT HODENTUMOREN? 111
    WAS WIR BISHER ANSTELLE VON RHODODENDRON
    VERORDNET HABEN — ARZNEIVERGLEICHE 113
        Calcium carbonicum 114
        Magnesium carbonicum 114

Exkurs: Botanische Verwandtschaften 115
Ledum und Kalmia 115
Silicea 116
Lycopodium 118
Natrium 118
Veratrum album 119
RHODODENDRON IN DER PRAXIS 119
Michaela — psychotisches Zustandsbild 119

CONVALLARIA 131
MAIGLÖCKCHEN LÄUTEN LEISE ... 135
CONVALLARIA-TRÄUME 138
ZUSAMMENFASSUNG UND HYPOTHESE — DORNRÖSCHEN, DIE FEE UND DER PRINZ 150
CONVALLARIA — SELBST AUF DER TRAUMBÜHNE? 153
SYMPTOMENLISTE VON CONVALLARIA 154
CONVALLARIA-SYMPTOME 154
CONVALLARIA-SYMPTOME »MIT BLEISTIFT« 167
ARZNEIVERGLEICHE UND -VERWANDTSCHAFTEN 168
Lilium tigrinum 169
Allium cepa 170
Sabadilla 171
Veratrum album 172
Paris quadrifolia 173
Scilla maritima 173
Mandragora 175
Weitere Arzneiverwandtschaften 176
KLINISCHE ASPEKTE 178
Erste praktische Erfahrung mit Convallaria: Marianne — depressives Zustandsbild 181

AUSBLICK UND DANK 185

LITERATUR 189

VORWORT

Die vorliegende Arbeit stellt einen meines Wissens erstmaligen Versuch dar, die Methodik der Arzneimittelprüfung mit modernen psychodynamischen Einsichten über Traumbewertung zu verbinden. Ein solcher Erstversuch ist immer eine Pionierleistung mit all ihren Gefahren, Schwierigkeiten und Irrtumsmöglichkeiten, vor allem in Anbetracht des Umstandes, daß diese neuen Einsichten die bisherigen Annahmen über die Bewertung von Träumen in Frage stellen müssen. Denn diese Annahmen und ihre Anwendung in der Arzneimittelprüfung und -verschreibung beruhen auf überholten Voraussetzungen und daraus resultierenden methodologischen Fehlern.

Zu Hahnemanns und auch zu Kents Zeiten bestand noch die Vorstellung, daß der sogenannte »gesunde« Prüfer eine TABULA RASA vorstelle, auf welche das zu prüfende Arzneimittel seine pathologische Symptomatik einschreibt. Träume wurden als irrationale Aktivitäten, Fehlleistungen der Ganglien, also potentielle Pathologie angesehen. Infolgedessen erschien es durchaus logisch, Träume, die während der Prüfung erinnert werden, z. B. von Hunden, Räubern, Automobilen, Schlangen, Tod usw., als Symptome in Materia Medica und Repertorium aufzunehmen.

Heute wissen wir aber, daß beide Voraussetzungen unrichtig sind.

Erstens ist der Prüfer keine TABULA RASA, die passiv »beschrieben« wird, sondern reagiert selektiv, seiner eigenen Individualität entsprechend, auf das Mittel. Wie die Autoren dieses Buches darstellen, ist es niemals von vornherein klar, welche »Prüfungssymptome« dem Prüfer und welche dem Mittel zugehören. Dies trifft natürlich auch auf körperliche Symptome zu, ist aber besonders wesentlich in der Bewertung von Träumen.

Zweitens sind Träume keine pathologischen Symptome, keine Fehlsteuerungen der Ganglien, sondern normale, sogar lebenswichtige Aktivitäten der unbewußten Psyche, die unser bewußtes Funktionieren unterstützen und, wenn nötig, kompensieren. Träume von Hunden, Schlangen, Räubern, Tod, Autos — um nur einige unter vielen unserer Repertoriumssymptome aufzuzählen — sind Bilder, die relativ häufig, um nicht zu sagen fortwährend, im Traumleben jedes normalen Menschen aufscheinen. Allerdings werden sie nicht notwendigerweise immer erinnert, es sei denn, daß man dem Traumleben besondere Aufmerksamkeit zuwendet. Wir alle haben uns im Laufe unserer Lebensentwicklung mit der Problematik unserer Instinktualität (Hunde, Schlangen), mit der Art, in der wir fortschreiten oder uns treiben (Automobil), mit notwendiger Erneuerung (Todesträume) oder mit Faktoren, die unser Funktionieren beeinträchtigen (Räuber), auseinanderzusetzen. Daß solche Träume auftauchen und, wie es unter Prüfungsbedingungen oder in Zeiten von Streß geschieht, erinnert werden, hat daher ebensowenig symptomatische Bedeutung wie die Tatsache, daß jemand irgendwelche Gesten macht oder Worte gebraucht, wie z. B. »Welt« oder »Erlöser«. In der Tat kann man wohl die Traumbilder als Gesten oder Worte der unbewußten Psyche ansehen. Ihr Erscheinen bedeutet bloß, daß wir leben und funktionieren.

Während also das bloße Erscheinen von Worten oder Traumbildern keinen symptomatischen Wert hat und keinen Rückschluß auf Pathologie zuläßt, sind es die Kombinationsmuster, die Art, in welcher der Träumer mit ihnen im Traum umgeht, denen Bedeutung zukommt. Wenn jemand nicht nur von Erlösern oder Welt träumt, sondern auch allen Ernstes behauptet und überzeugt ist, ER SEI der Erlöser der Welt, dann würden wir an eine mögliche oder wahrscheinliche Paranoia denken. In Analogie: Das maßgebende Moment, das auf emotionelle und geistige Einstellung und deren mögliche symptomatische Bedeutung hinweist, ist nicht, daß man von Hunden oder Schlangen träumt, sondern wie man mit ihnen im Traume umgeht, d. h. wie man sich zu seiner Instinktualität, seinen Ideen einstellt, wie der Träumer den Räubern begegnet (z. B. Flucht oder Auseinandersetzung), wie er sich zum Aufgeben von alten Werten (Tod) verhält. Die emotionellen Themen und Verhaltensmuster, auf welche die Traum-Dramatik hindeutet, sind die Elemente, auf die es in der Symptomenbewertung ankommt, nicht die Traumbilder an und für sich.

Ein Traum, daß man von großer Höhe abstürzt, kann bei einem Träumer eine Warnung ob dessen Tollkühnheit darstellen, bei einem anderen, der sich mutig dünkt, auf seine Furchtsamkeit, in einem dritten Falle auf gewohnheitsmäßige Unachtsamkeit hinweisen. Für wiederum einen anderen Träumer kann das Motiv auf eine abrupte Ernüchterung von einer überhohen Idealisierung irgendwelcher Art hinweisen. Während einer Prüfung geträumt, mag ein solcher Traum auch eine Warnung darbieten, daß der Prüfer sich zu viel zumutet, zu hoch hinaus will, vielleicht zu enthusiastisch seinen Rahmen übersteigt, vielleicht schon zu häufig das Medikament wiederholt hat oder sonst zu viel von sich erwartet und auf eine Antiklimax zusteuert. Ob diese Tendenz auch mit der Prüfungsmedizin zu tun hat oder nur mit der Einstellung des Prüfers zur Prüfung an sich oder lediglich mit etwas, das ungeachtet der Prüfung sich gerade jetzt in seinem Leben abspielt, kann bloß durch sorgfältige Voruntersuchung ermittelt werden.

Die mentalen und emotionellen Faktoren, auf die es ankommt, können also bei gleichen Bildern völlig verschieden sein. Andererseits mögen verschiedene Traumbilder gleiche oder ähnliche Dramatik darstellen. So kann z. B. eine rasende Autofahrt auf hindernisreicher Straße auf das gleiche Thema hinweisen wie ein Traum, in dem man einem anderem trotz minimaler oder bloß eingebildeter Provokation eine Ohrfeige versetzt. Beide scheinbar so völlig verschiedenen Träume zeigen das gleiche Symptom auf, nämlich eine abrupte Impulsivität. Zum richtigen Traumverständnis ist daher eine sorgfältige Auswertung des Träumers in bezug auf Lebenshintergrund, Assoziationen, bewußte Einstellungen (die möglicherweise durch den Traum erweitert, kommentiert oder korrigiert oder widerlegt werden) erforderlich. (Für Details siehe; Edward Whitmont & Sylvia Perera. Träume, Eine Pforte zum Urgrund. Burgdorf Verlag, Göttingen. 2. Auflage, 1996.)

Die Muster oder Themen, die »Geschichten«, die erzählt werden, nicht die Traummotive an und für sich, stellen also die möglichen Hinweise auf Geistes- und Gemütssymptome dar, die zum Arzneimittel hinführen können — vorausgesetzt, daß wir diese Hinweise psychologisch verstehen können und auch sicher sind, daß sie von der Prüfungssubstanz angeregt sind und nicht etwa mögliche psychische apriorische Dispositionen des Prüfers oder, wie schon erwähnt, Antizipationen oder Reaktionen auf den Prüfungsprozeß als solchen, ungeachtet des Medikaments, darstellen. Um solches auszuschließen, ist es aber unbedingt notwendig, daß das Traumleben der Prüfer vor der Prüfung untersucht und psychodynamisch, d. h. interpretativ ausgewertet wird. Es genügt eben nicht, was immer man während der Mitteleinnahme träumt, einfach dem Medikament als substanzspezifisch zuzuschreiben. Die Notwendigkeit solcher Voruntersuchung wurde meines Wissens bisher niemals in Betracht gezogen. Erst bei der Prüfung von Convallaria wurde es zum ersten Male versucht.

Psychodynamisch anstatt bloß bildgemäß verstanden, eröffnet andererseits das Traummaterial neue Möglichkeiten, die bisher der Arzneimittelprüfung unzugänglich waren. Die meisten traditionellen Prüfungen liefern uns, abgesehen von typischen Organsymptomen, bloß ein Sammelsurium von allgemeiner und relativ unindividueller und untypischer psychischer und Allgemeinsymptomatik: Reizbarkeit, Müdigkeit, Wachheit, Alleinseinwollen oder Furcht vor Alleinsein, Kälte-/Wärmeempfindlichkeit etc., etc. Untypisch in dem Sinne, daß diese Symptomatik auf allzuviele Mittel hindeutet.

Zur Findung des »roten Fadens« der Persönlichkeits-Essenz ist langjährige klinische Erfahrung erforderlich, und dieser »rote Faden« ist bei so vielen, darum eben »klein« genannten Mitteln auch heute noch nicht bekannt. Eine psychodynamische Auswertung der Träume, anstelle einer bloßen Aufzählung von Traumbildern, ermöglicht aber Rückschlüsse auf die unbewußte Kernpersönlichkeit. So mag z. B. ein Traum, in dem man unbarmherzig jemanden ermordet, auf unbewußte Grausamkeit und Härte hinweisen, die dem Träumer, der sich als warm- und mildherzig ansieht, noch unbekannt und unbewußt sind und die er auch in der Prüfung nicht notwendigerweise bewußt genug zu erleben braucht, um sie in Rechnung zu stellen. Für Verschreibungszwecke könnte ein solcher Traum auf Lachesis, Anacardium oder Acidum nitricum hinweisen (bloß das erste ist in der Repertoriumsrubrik »Träume von Mord oder Mördern« zu finden!), obwohl die Art, wie diese Träumerin sich äußerlich im Interview präsentiert, vielleicht wie eine liebliche Pulsatilla aussehen mag.

Zweifellos verlangt ein solches sorgfältiges Aussondern des Traummaterials einen großen Aufwand an Mühe, Zeit und fachlichem Können, sowie vor allem auch das Aufgeben von vorgefaßten Meinungen. Wenn in einem ersten Versuche all dies noch nicht so zur Verfügung stehen kann, wie es ideal wünschenswert wäre, ist doch zu bedenken, daß dies eben das Risiko jedes Neuversuches ist. Erst wenn man in ein Neuland eingedrungen ist, kann man herausfinden, welche Ausrüstung wirklich erforderlich ist. Immerhin ist aber dieses erste Buch das Resultat einer beachtenswerten originellen und gründlichen Bearbeitung des Prüfungsmaterials, die einen Meilenstein zur Entwicklung einer wirklich modernen Methodik der Arzneimittelprüfung darstellt. Ein wertvoller neuartiger Weg und neues Material zur klinischen Auswertung und hoffentlicher Bestätigung werden hier zur Verfügung gestellt. Die Verfasser haben einen mutigen Schritt in das Neuland tiefenpsychologisch-homöopathischer Forschung unternommen. Für diese Leistung und dieses Wagnis sind wir ihnen zu Dank verpflichtet.

Edward C. Whitmont

EINLEITUNG

Ein Kinderbuchautor soll einmal gesagt haben : »Ich schreibe so, wie ich es als Kind selbst gern gelesen hätte.« Auch wir haben ein Buch geschrieben, das wir selbst gern gelesen und für unsere Praxis notwendig gebraucht hätten.

In den Jahren 1992 bis 94 prüften wir doppelblind drei homöopathische Arzneien, gemeinsam mit vielen (insgesamt 46 bzw. 54[1]) Probanden, uns Autoren eingeschlossen.

»KLEINE« UND »GROSSE« ARZNEIEN — EINE OPTISCHE VERZERRUNG

Arzneien, die vom Scheinwerferlicht einer guten Arzneimittelprüfung erfaßt und von vielen Seiten beleuchtet als Bilder unsere Materiae Medicae oder, in ihre Einzelteile zerlegt, unsere Repertorien bereichern, gibt es wenige; die meisten von ihnen nennen wir Polychreste.

Nach anderen tasten wir manchmal in der Dämmerung einer Begegnung mit einem Patienten, auf den kein gut bekanntes Mittel passen will; und oft genug greifen wir ins Leere.

Dennoch wird viel Halbwissen über sogenannte »kleine Mittel« von einer Homöopathengeneration zur anderen und von einem Buch zum anderen weitergereicht — während klein nicht die Mittel sind, sondern unser Wissen über sie.

Aber: Was wissen wir von unseren sogenannten »großen« Arzneien, von Polychresten, z. B. von Lycopodium oder Pulsatilla — um bei den Pflanzen zu bleiben — wirklich? Genügt uns diese oft zusammenhanglose, unübersichtliche Symptomenvielfalt, um das »Wesen« dieses Mittels zu verstehen? — Wir bezweifeln dies und meinen, daß auch hier noch viel an detektivischer Arbeit von uns allen gemeinsam zu leisten ist.

---

[1] Die Zahlendifferenz erklärt sich durch die Tatsache, daß insgesamt 8 Prüfer mehrfach prüften.

EINLEITUNG

In der Symptomenfülle sogenannter »großer« Arzneien verstecken sich auch Symptome, die einer übergeordneten Hierarchie zuzurechnen sind: z. B. Ranunculazeen-Symptome in Pulsatilla, Erikazeen-Symptome in Rhododendron oder »Metall-Symptome« in Ferrum. Diese Symptome sind für alle Mitglieder dieser Gruppe gültig und somit nicht als »Essenz« des einzelnen Mittels zu betrachten. Massimo Mangialavori, Modena, ist unseres Wissens der erste, der auf diese Tatsachen hingewiesen hat.

Wir glauben also daran, daß ein »Wesen« der Arzneien existiert, das wir in der täglichen Begegnung mit unseren Patienten zu begreifen suchen. In der vorliegenden Arbeit haben wir uns zum Ziel gesetzt, die Essenzen von drei »kleinen« Mitteln zu ergründen. Unsere Beweggründe waren einerseits Freude am Entdecken und andererseits die Hoffnung, die eine oder andere homöopathische Arznei ans Licht und in das Bewußtsein von uns Homöopathen zu holen — bisher für »klein« gehaltene Mittel in ihrer wahren Größe erkennbar zu machen.

In unserer Darstellung beschränken wir uns nicht auf Symptomenauflistungen. Wir versuchen, Arzneimittelbilder herauszuarbeiten und *Hypothesen* aufzustellen, die zu einem tieferen Verständnis des Mittels führen sollen.[2]

»TIEFE« UND »OBERFLÄCHLICHE« ARZNEIEN?

Es hat sich für uns immer wieder bestätigt, daß es in der Homöopathie weder »tiefe« (»tiefgreifende», »tiefwirkende») noch »oberflächliche« Arzneien gibt[3]*, sondern allenfalls gut oder schlecht gewählte (=passende), wobei das Dilemma darin zu liegen scheint, daß man eben mit gut bekannten (gut geprüften) Arzneien (Polychresten) we-*

[2.] Am wichtigsten war es uns, in die *Praxis* umsetzbares Material zur Verfügung zu stellen. Unsere bisherige Arzneiprüfungstätigkeit (P. K., gemeinsam mit Franz Swoboda: Acidum succinicum [63], Magnesium fluoratum [64] und Ginkgo biloba [108]) hatte zwar viele interessante Symptome erbracht, jedoch nicht einmal wir, die Autoren, haben diese Arzneien so häufig verordnet, wie sie wahrscheinlich angezeigt waren. Somit ist anzunehmen, daß wir diese Mittel noch nicht »verstanden« hatten, was vermutlich daran lag, daß die Frage nach dem »Wesen« nicht gestellt worden war.

[3.] Selbst Pierre Schmidt soll z. B. vom »tiefer wirkenden« Calcium carbonicum (gegenüber Gelsemium) gesprochen haben.[9]

gen deren häufigeren Anwendung auch häufiger »tiefgreifende« Erfolge erzielt als mit sogenannten »kleinen« Mitteln.

Eine homöopathische Arznei wirkt dann »tief« wenn sie möglichst exakt paßt,—was für ein »kleines« Mittel ebenso wie für ein »großes« gelten kann,— und wirkt mäßig oder »oberflächlich«, wenn sie infolge mäßiger Similarität das Kernproblem des betreffenden Patienten nicht erfaßt.

STUMPFES WERKZEUG SCHÄRFEN

Als Homöopathen besitzen wir zwar eine Methode mit unvergleichlich hohen Heilungsansprüchen, aber unser Werkzeug — die Repertorien und Arzneimittellehren — läßt uns oft im Stich, abgesehen von unseren eigenen Unzulänglichkeiten. Man ist erstaunt darüber, wie oft Heilung trotzdem möglich ist.

Daher halten wir die Durchführung guter Arzneimittelprüfungen für die wichtigste Voraussetzung erfolgreichen Handelns in der Homöopathie. Dieser Anspruch war eine weitere Triebfeder unserer Arbeit an den drei vorliegenden Arzneien.

Ebenso wichtig wäre aber auch die präzise Dokumentation von homöopathischen Therapieverläufen, insbesondere von tiefgreifenden Heilungsergebnissen, und ein umfassenderer Austausch solcher Informationen unter uns Homöopathen.

DAS UNBEKANNTE NAHE

Berberis, Rhododendron und Convallaria sind jedem Homöopathen bekannt, zumal diese Arzneien in Rubriken und Arzneimittellehren gut repräsentiert sind. Genau besehen sind sie aber »große Unbekannte«, zumal unser Wissen über sie nur oberflächlich ist. Diese Tatsache war eine Motivation unserer Arzneiprüfungs-Initiative.

Zweitens interessierten uns besonders einheimische, uns nahestehende, bisher »kleine« Arzneien. Wir folgten dabei dem vielfach in Märchen und Mythen tradierten Motiv, daß »für jeden von uns irgendwo auf der Welt ein heilendes Kräutlein« gewachsen sei. Dabei nahmen wir an, daß dies sehr oft nicht »irgendwo«, sondern gerade dort zu entdecken sein könnte, wo der Betreffende lebt, liebt und stirbt. Haben wir es doch in der Praxis immer wieder bestätigt gefunden, daß manchmal nicht ein asiatisches Nux vomica, sondern ein banales Chamomilla unserer Wegränder, nicht ein exotisches Ignatia, sondern Helleborus, die »Schwarznieswurz« unserer Wälder, heilende Arznei war. Allerdings räumen wir ein, daß sich durch unser heutiges multikulturelles und kosmopolitisches Dasein diese Grenzen zunehmend verwischen.

Dabei stießen wir auf das Phänomen, daß es mühsam für uns war, gerade diesen »banalen«, unserem Alltag so nahen Arzneien ihre Botschaft zu entlocken, ihre Fußspuren und Fingerabdrücke in dem uns vorgelegten Prüfungsmaterial zu sichten, — vielleicht gerade aufgrund dieser Nähe und Vertrautheit. So nahm unsere Arbeit zeitweise den Charakter einer archäologischen Rekonstruktion an.

TRÄUME — SCHWERPUNKT UNSERER ARZNEIMITTELPRÜFUNGEN

Ein weiteres Motiv unserer Arbeit war unser besonderes Interesse an den Träumen von Patienten und Prüfern.

Samuel Hahnemann hätte wahrscheinlich diesen Schwerpunkt unserer Arbeit beargwöhnt und gemäß einer Fußnote des § 1 des Organon [44] wie folgt gewettert ...

> Nicht aber ... das Zusammenspinnen leerer Einfälle und Hypothesen über das innere Wesen des Lebensvorganges und der Krankheitsentstehungen ... oder die unzähligen Erklärungsversuche über die Erscheinungen in Krankheiten und die ihnen stets verborgen gebliebene nächste Ursache derselben ... in unverständliche Worte und einen Schwulst abstrakter Redensarten gehüllt, welche gelehrt klingen sollen, um den Unwissenden in Erstaunen zu setzen, während die kranke Welt vergebens nach Hilfe seufzt. Solche gelehrten Schwärmereien nennt man theoretische Arzneikunst und hat sogar eigene Professuren dazu.

... und somit unsere Hinwendung zu den Träumen in den Bereich des Spekulativen verwiesen. Als unermüdlicher Wahrheitssuchender gelangte aber auch Hahnemann dort an die Grenzen seines eigenen Modells, wo er besonders chronisch Kranken trotz korrekter Erfassung der Gesamtheit der Symptome und Verordnung entsprechend der Ähnlichkeitsregel nicht helfen konnte, und entwickelte eine Theorie, die den meisten seiner Zeitgenossen als Spekulation erscheinen mußte: Über sein Alterswerk »Die chronischen Krankheiten«, das 18 Jahre nach dem Organon erschienen ist, schreibt Hahnemann:

> Zwölf Jahre brachte ich damit zu, um die Quelle jener unglaublich zahlreichen Menge langwieriger Leiden aufzufinden, um diese ... große Wahrheit zu erforschen und zugleich die vorzüglichsten antipsorischen Heilmittel zu entdecken, welche diesem Ungeheuer von Krankheit in seinen so sehr verschiedenen Äußerungen ... in den meisten Fällen gewachsen wäre. (Fußnote zu Paragraph 80 des Organon [44])

So war auch bei Hahnemann aus der Not der Praxis eine Idee (die Miasmenlehre) entstanden, die sich in der täglichen Arbeit mit Patienten zu bewähren hatte.

Auf der Suche nach einem noch tieferen Verständnis des kranken Menschen teilen heute viele Homöopathen die Idee, daß besonders *Träume* hervorragend geeignet sein müßten, das »tiefliegende Urübel« (Hahnemann) widerzuspiegeln.

Träume sind nächtliche Mitteilungen des Unbewußten. Ihre Sprache und Bilder schöpfen nicht nur aus den persönlichen Erlebnissen, sondern können auch Elemente aus der Geschichte der gesamten Menschheit. enthalten Der Kontrolle des Bewußtseins entzogen, scheinen Träume besonders geeignet zu sein, unbeirrbar und unbestechlich vom »Wesen« zu sprechen – vielleicht auch vom »Wesen der Arznei« im Rahmen einer homöopathischen Arzneimittelprüfung.[4]

In welcher Weise Träume dies tun, wie verläßlich Traumrubriken sind, wie sinnvoll Arzneimittelprüfungen mit dem Schwerpunkt auf Träumen sind, und welche Probleme und Fragestellungen sich in diesem Zusammenhang ergeben, sowie drei ausführliche Protokolle über Berberis, Rhododendron und Convallaria — all das ist Inhalt der vorliegenden Arbeit.

EINLEITUNG

Unsere Ehrfurcht vor der Weisheit der Träume ließ uns dabei besonders vorsichtig vorgehen.

[4.] Einem »arznei-telegramm« [6] entnehmen wir, daß sich (Alp)träume auch als Nebenwirkungen konventioneller Pharmaka bemerkbar machen können:
Wenn Menschen, die sonst immer gut schlafen, plötzlich über Alpträume klagen, kommt auch die Arzneimittelanwendung als Ursache in Betracht. Dem NETZWERK gingen in diesem Zusammenhang 51 Berichte zu. Mit 15 Meldungen stehen die für ihre vielfältigen zentralnervösen Störwirkungen bekannten Gyrasehemmer ... als Auslöser an der Spitze (»Gespenster in langen weißen Gewändern« u.ä.).
Und ein Leserbriefschreiber bestätigt:
Bezüglich der Betablocker habe ich Alpträume ... selbst erlebt bei Einnahme von Betaxolol ...: Gestalt im langen weißen Gewand ohne Gesicht. Auch bin ich aufgewacht, wußte nicht, wo ich war und stand auf, um mich krampfhaft zurechtzufinden. ...
Kommentar: Allopathische Alpträume! — Während das auffallende Auftreten von Alpträumen im Zuge einer homöopathischen Behandlung eine Indikation wäre, den Therapieverlauf grundsätzlich zu überdenken, scheinen solche Beobachtungen für den modernen Mediziner unserer Tage bestenfalls eine Erwähnung im Beipacktext wert zu sein ...

GEDANKEN ZUR TRAUM-BE-DEUTUNG IN DER HOMÖOPATHIE

ATMEN, ESSEN, TRÄUMEN ...

In der homöopathischen Anamnese stellen wir fest, daß manche Menschen viel, manche wenig oder gar nicht träumen. Man könnte versucht sein, diese Information schon als Symptom zu betrachten. Tatsächlich geht es dabei weniger um die absolute Anzahl von Träumen als um die Erinnerlichkeit der Träume oder — wie es eine unserer Prüferinnen formuliert hat — um die Fähigkeit, »die Träume in den Tag herüberzuziehen«.

Jeder, der sich mit eigenen Träumen beschäftigt, weiß, daß Träume zu erinnern bis zu einem gewissen Grad erlernbar ist, eine Frage der Absicht und der Aufmerksamkeit. Es ist daher nicht verwunderlich, daß während einer Arzneimittelprüfung, deren Absicht es ist, Träume zu dokumentieren, auch chronische Nichtträumer zu Träumern werden können — Arzneieinfluß und Hinwendung des Probanden vermischen sich.

Träume sind offenbar zum Aufrechterhalten eines psychischen Gleichgewichts nötig, denn wer für längere Zeit am Träumen gehindert wird, erkrankt, wird vielleicht sogar psychotisch. Man könnte Träume als eine Art seelischen Druckausgleichs bezeichnen. Unabhängig davon, ob erinnert oder nicht, ob beachtet oder nicht, sind sie heilsam und notwendig: wie Atmen, Essen und Trinken.

Für den, der sich an seine Träume erinnert und sie sogar zu deuten weiß, stellen sie eine beglückende oder erschreckende, jedenfalls unbestechliche Quelle der Selbsterkenntnis dar. Sie zeigen, was das Bewußtsein übersieht oder einseitig sieht, — haben dadurch eine die bewußte Haltung korrigierende oder kompensierende Funktion.[1]

[1.] Vgl. Whitmont/Perera

TRÄUME — ARZNEIFINDUNG UND BEURTEILUNG DES THERAPIEVERLAUFS

Träume verarbeiten unbewältigte Lebensprobleme des Träumers in dramatischer Form. Sie sind nicht immer leicht zu entschlüsseln, denn es kann vorkommen, daß sie Elemente aus dem unerschöpflichen Requisitenschatz des Kollektiven Unbewußten auswählen. Das Bewußtsein mag zunächst verständnislos davorstehen. Als bedeutungsvolle Symptome (auffallende Symptome laut §153 von Hahnemanns Organon [44]) sind Träume u. U. für die *Arzneifindung* ausschlaggebend.

Unsere Erfahrung hat gezeigt, daß Träume im Rahmen einer homöopathischen Therapie wertvolle *Indikatoren für den Therapieverlauf* sind. Dies kann natürlich auch dadurch bedingt sein, daß das homöopathische Anamnesegespräch — wie jedes andere Gespräch, das in die Tiefe führt und bewegt — einen Prozeß in Gang setzt, der sich auch im Traumbereich zeigt. Ein Konflikt mag sich durch das Unbewußte ins Bewußtsein drängen, und der Traum gibt seine »So-ist-es«-Stellungnahme dazu ab. Eine Veränderung im Traumbereich allein muß also noch kein Hinweis auf eine gute Arzneiverordnung sein, kann aber ein wesentlicher prognostischer Hinweis sein.

Bei Arzneimittelprüfungen und in der homöopathischen Therapie haben wir die Erfahrung gemacht: Je ähnlicher die verordnete Arznei dem Patienten ist, je simillimumnäher, desto klarer kann auch der Traumbereich reagieren. Der Träumer träumt dann nicht nur seine Träume *anders*, — oft träumt er seinen Wiederholungstraum in abgeänderter Form, *erlebt* ihn anders, findet neue Lösungen.

Ein heruntergekommenes altes Haus mit niedergebranntem Dach, das einsam und verlassen in unwirtlicher Gegend steht, kann unter dem Einfluß einer heilenden Arznei plötzlich renoviert sein; das Dach erneuert; freundliche Menschen gehen ein und aus. Das sich wiederholende »So ist es«, »So ist es«, »So ist es immer noch« des alten Wiederholungstraums hat sich verändert. Ein starres Bild hat Leben bekommen, der Patient mehr Lebenskraft.

Manchmal spricht das konkrete Bild für sich. Meist jedoch ist das Bild zuwenig eindeutig, bleibt zu sehr im Phänomenologisch-Allgemeinen. Daher sind auch die Traumrubriken des Repertoriums weitgehend unbrauchbar.

WANDEL EINES TRAUMSCRIPTS UNTER HOMÖOPATHISCHER THERAPIE

Ein Beispiel für das fruchtbare Heranziehen von Träumen zur homöopathischen Arzneifindung und zur Beurteilung des Behandlungsverlaufs sei die kurzgefaßte Krankengeschichte der 26jährigen Studentin Petra[2], die wegen krampfartiger Bauchbeschwerden und rezidivierender Diarrhöen in Behandlung kommt. Sie hat langes, wirres Haar, trägt große, silberne Ohrringe, ihr gespannter Gesichtsausdruck verrät Angst und Mißtrauen. Sie sei schon ein schwieriges Kleinkind gewesen, habe alles erbrochen, lange nicht an Gewicht zugenommen. Psychotherapie seit 4 Jahren wegen depressiv-suizidaler, aber auch gegen andere gerichteter Aggressionshandlungen. Sie »kletzelt«, schnipselt mit einer Schere an sich herum, »schneidet sich wo hinein«. Schon als Kind habe sie versucht, sich durch Luftanhalten ums Leben zu bringen, in der Mittelschulzeit durch einen im Badezimmer inszenierten Stromunfall. Nur sie und ihr Psychiater wissen bisher von ihrer Suizidalität. Aggressionen, »bis zum Mord« in Gedanken, vor allem gegen den Vater.

Schon als Baby habe sie alle weggestoßen, Körperkontakt abgelehnt. Ihre Kindheit beschreibt sie mit dem Wort »schrecklich«; sie habe immer geglaubt, ein Findelkind, adoptiert zu sein; oft habe sie nach ihren Adoptionspapieren gesucht. Ein tyrannischer Vater, der unberechenbar agierte. Eine permissive Mutter, die den Vater zum »armen Kranken stempelte«.

Männerbeziehungen haben nie länger als 3 Wochen gedauert. Sie habe eben Angst vor Nähe, sie sei eben zu sehr verkrampft, zu sehr anders, zu undurchschaubar ... Angst, vom anderen verschlungen zu werden, Berührungsängste auch gegenüber Frauen, gegenüber der Mutter. In der Kindheit noch eine (zärtliche?) Mißbrauchsszene der damals 12jährigen durch den um 3 Jahre älteren Bruder. Väterliche Nähe sei nur durch »Kitzelorgien« möglich gewesen: Der Vater habe alle bis zum Exzeß gekitzelt, »man konnte sich nicht wehren«.

In ihren Träumen wird unsere Patientin sehr oft verfolgt, sie muß flüchten, durch unterirdische Gänge, durch Zimmer ... Jemand rennt ihr mit einem Messer nach. Jemand, der bereits »mindestens ein Mädchen« vergewaltigt

---

[2] Namen und ausgewählte Daten in allen in diesem Buch vorgestellten Kasuistiken wurden zum Schutz der Privatsphäre unserer Patienten verändert.

hat. Dieser Jemand will sie umbringen, weil sie »zuviel weiß«, weil sie etwas Falsches gesagt hat. Sie rennt von einem Zimmer ins nächste und versucht, die Türen hinter sich zu zuzusperren, doch diese schließen nicht; oder der Mann, »der Bösewicht«, geht einfach durch, als ob da kein Hindernis wäre. In ihrer Panik stürzt sie sich schließlich aus einem Fenster in die Tiefe.

Diese Träume zeigen als Grundsituation ein Ohnmachtsgefühl, einen lähmungsartigen Zustand angesichts des Verfolgtwerdens. Im anamnestischen Gespräch kam außerdem heraus, daß sie sich selbst die Schuld an diesem Zustand gab. Versuchen wir, diesen Gemütszustand in Repertoriumssprache zu übersetzen: Wahnidee, angefeindet, gehindert und gequält zu werden. Ist sie vielleicht selbst eine Verbrecherin? Hat sie selbst ein Verbrechen begangen (Wahnideen, hat Unrecht getan; — ein Verbrechen verübt zu haben; — ein Verbrecher zu sein), die Kitzelorgien durch den Vater, die Schändung durch den Bruder, hat sie dies vielleicht sogar verdient (Milde, erträgt Leiden, sogar Gewalttaten, ohne sich zu beklagen) — darf sie deshalb keinen Kontakt zulassen, sich selbst keine Zärtlichkeit erlauben (Furcht vor der Annäherung anderer; will nicht angefaßt werden)? — Mißtrauen, Rückzug, Isolation, Krankheit, Depression, Suizid, Zorn- und Wutanfälle, Erbrechen, krampfhafter Protest bereits als Kind, werden zu ihren Überlebensstrategien.

Als Therapie wird eine Gabe Ignatia M verabreicht.[3]

Bei der ersten Kontrolle nach ca. sechs Wochen ist die Patientin selbstverständlich noch nicht geheilt. Körperlich hat es intensive Symptome gegeben, — viele alte somatische Beschwerden sind in der ersten Zeit nach der Arzneiverabreichung aktiviert worden. — Sie träumt wieder von Verfolgung, diesmal jedoch anders: Dieselbe Gegend der altbekannten Nachstellungen, dasselbe Gebäude, dieselbe Stiege, dieselben Türen. Doch diesmal haben die Türen statt normaler Schlösser kräftige Schieberiegel. Der Verfolger muß die verriegelte Tür unter viel Anstrengung und mit Gewalt aufdrücken. Der Mann, der dann das Zimmer doch betritt, ist ein »harmloser Typ« mit einem

---

[3] Sämtliche in dieser Arbeit erwähnte Arzneien — wie auch die drei Prüfarzneien — wurden von Heide Brunner, Salzburg-Retz, hergestellt, — und zwar nach einem modifizierten Korsakoff-Verfahren: Erst ab einer C200 wird mit der von Korsakoff angegebenen Einglasmethode gearbeitet. Nicht aus dieser Quelle stammende Arzneien sind im Text gesondert bezeichnet.

(Baby-) Gesicht (wie dem eines bekannten Wiener Theatermanns). Der Sprung in die Tiefe wird im Traum »umgemünzt« und endet als Kletterei an der Hausfassade hinunter.

Das veränderte Traummuster der Patientin reflektiert beginnendes seelisches Gesunden. Übrigens benötigte Petra im weiteren Verlauf der Behandlung noch einige weitere Arzneien, um das Problem ihrer Kontaktangst und Autoaggression nach und nach aufzulösen. Das Beispiel möge illustrieren, wie Träume Therapieverläufe stimmig begleiten, widerspiegeln und lenken können.

TRÄUME VON SCHLANGEN — KRITISCHE BETRACHTUNG KONVENTIONELLER TRAUMRUBRIKEN

Die gelbbraune Schlange im Traum des einen, die sich freundlich um die Beine des erfreuten Träumers windet, ist eine ganz andere als jene grauschwarze, die einen anderen Träumer zutiefst erschreckt. »Träume von Schlangen« ist zwar das gemeinsame Phänomen beider Träume — ohne die persönlichen Assoziationen des Träumers und die damit verbundenen Gefühle ist es in seiner Undifferenziertheit jedoch ähnlich unbrauchbar wie die Rubrik »Schnupfen«, wenn keine weiteren Modalitäten und Spezifikationen die Unzahl angegebener Mittel auf einige wenige zusammenschrumpfen lassen.

Exemplarisch und im Detail sei hier vorweggenommen, was wir im Lauf unserer Arzneiprüfung von Berberis dazu erlebten.

Bei Berberis gibt es bisher nur folgende (nichtssagende) Traum-Rubriken, in denen das Mittel durchweg einwertig aufscheint:

    Träume — angstvolle
    Träume — Anstrengungen, geistige
    Träume — zahlreiche
    Träume — Alpträume, Alpdrücken

Die Fragen, die sich uns zum Zeitpunkt des Durcharbeitens der Arzneiträume stellten, waren u.a.: Sind jene ProbandInnen, die am stärksten körperlich reagieren, auch die, deren Träume am deutlichsten den Arzneiimpuls widerspiegeln? Oder zeigt die Tatsache, daß jemand körperlich reagiert, daß eben dies die Ebene seiner Empfänglichkeit ist und daher wenig Symptome im Traum- oder im Geist-Gemüts-Bereich zu erwarten sind? Sollen wir nur nach Traumsymbolen suchen, die einander ähneln, also auf der Ebene der Phänomenologie bleiben? Genügt das Auftauchen von Schlangen in fünf Träumen unserer Berberis-Arzneimittelprüfung für einen Nachtrag in der Rubrik: »Träume von Schlangen«, oder ist das eine zu erwartende Anzahl von Schlangenträumen bei 14 Prüfern, ca. 500 Träumen und einem Prüfungszeitraum von 6 bis 8 Wochen? Oder ist vielmehr zu analysieren, in welchem Zusammenhang das Bild der Schlange steht?

Unter »Träume von Schlangen« sind im Synthetischen Repertorium [10] 21 Arzneien aufgeführt. Darunter zweiwertig: Argentum nitricum, Lac caninum, Ranunculus bulbosus, Ranunculus sceleratus. Dazu die Originalstelle für Argentum nitricum bei Allen [4]:

> Häufig erwacht er nachts mit Träumen von fauligem Wasser, Fischen und Schlangen, was ihn mit Grauen erfüllt.

Bei Ranunculus sceleratus findet sich folgendes Zitat:

> Halb schlummernd nach Mitternacht furchterregende, ängstliche Träume von Leichen, toten Körpern, Schlangen, Schlachten usw.; ständiges Umherwerfen im Bett.

Die Originalstelle bei Allen [4] über Lac caninum erweist sich bei näherer Durchsicht nicht im eigentlichen Sinn als ein *Traum* von Schlangen, sondern:

> Nach der Menstruation stellt (sie) sich allerlei Dinge über Schlangen vor. Erwacht nachts mit dem Gefühl, daß sie auf einer großen Schlange liegt. Empfindung oder Wahnvorstellung, als ob sie von einer Unzahl von Schlangen umgeben wäre, — einige laufen wie Blitze unter der Haut auf und ab; einige, die innen sind, erscheinen lang und dünn; Angst, ihre Füße auf den Boden zu setzen, weil sie auf sie treten könnte und sie sich um ihre Beine winden könnten; fürchtet sich davor, hinter sich zu blicken, aus Angst, Schlangen zu sehen; *träumt nicht von ihnen*, —nur selten wird sie durch sie nach Einbruch der Dunkelheit gestört; beim Zubettgehen Angst, die Augen zu schließen, weil eine Schlange, so groß wie ihr Arm, sie ins Gesicht schlagen könnte. (Übersetzungen und Hervorhebung durch die Verfasser)

Kommentar: Offensichtlich hatte jeweils nur ein Prüfer einen Traum (oder eine Vorstellung) von Schlangen gehabt. Es stellt sich die Frage, ob dies ausreichend ist, um die Arznei in die Rubrik »Träume von Schlangen« aufzunehmen.

Zweite Frage: Ist es gerechtfertigt, die Schlange als Einzelelement eines Traums zu isolieren, oder sollte die Rubrik bei Argentum nitricum nicht vielmehr heißen: »Träume von fauligem Wasser, Fischen und Schlangen, erfüllen ihn mit Grauen«? Sowie bei Ranunculus sceleratus anstelle von »Träumt von Schlangen«: »Träume, ängstlich, von Leichen, Schlangen und Schlachten«? Bei Lac caninum wurde kein Unterschied zwischen »Empfindung«, »Wahnidee« und »Traum« gemacht. Aus den meisten Traumzitaten geht nicht klar hervor, ob es sich um das Bild *eines* Traumes oder um die Zusammenfassung verschiedener Prüfungsträume handelt.

In unserer Arzneimittelprüfung mit Berberis beschreibt eine Probandin (8) folgenden Schlangentraum:

> Es gab einen Gitterkäfig, da waren zwei Schlangen drinnen. Beide zirka 10 bis 15 cm lang. Im Durchmesser vielleicht 2 cm. Sie hatten richtige Lippen. Eine gelbe, eine rote. Sie waren Zwillingsschwestern. Irgendwie waren sie plötzlich nicht mehr im Käfig. Ich mußte sie dann zurücktragen. Es waren giftige Schlangen, aber angeblich verlieren sie ihre Giftigkeit durch die Käfighaltung. Ich glaubte das nicht ganz, außerdem machte es mich unruhig, daß ich immer nur eine Schlange sah, die andere kroch irgendwo herum (auf mir?).

Noch ein Schlangentraum derselben Probandin:

> Wir waren in irgendeiner Wohnung. Ich, mein Freund und andere Leute. Auf einmal hieß es, wir dürften aus irgendeinem Grund nicht mehr auf den Boden auftreten. Mein Freund schien eine Idee zur Lösung des Problems zu haben. Er nahm aus einer Art Schaukasten, der da herumstand, einige kleine paprikaartige Früchte heraus, die verteilte er auf dem Boden. Der Sinn war der, daß diese kleinen Dinger Schlangen anlocken. Er meinte, wenn viele Schlangen kämen, könnten wir auf ihnen laufen und so aus der Wohnung kommen. Ich schrie ihn an, ob er wohl verrückt sei, aber er meinte, die seien sowieso nicht giftig. Aber ich wußte, daß auch hin und wieder eine giftige Schlange dabei ist. Ich lief in alle Zimmer und sammelte die Paprikas wieder auf. Im letzten Zimmer war schon eine Schlange. Sie war braun, ganz ohne Muster und zweifellos giftig. Ich rannte zur Zim-

mertür und machte sie bis auf einen Spalt zu, sodaß ich eventuell die Paprika holen könnte, aber die Schlange nicht mehr heraus konnte. Ich wollte gerade durch den Spalt nach der Paprika greifen, da kam die Schlange und verschlang die Paprika. Ich schloß die Tür und rannte zu den anderen. Das Gefühl, das ich die ganze Zeit dabei empfand, war tiefe Angst und Panik, aber noch tief drinnen ohne Schreien oder ähnliches.

Und:

Es war wieder etwas mit einer Schlange. Eine kleine, ausgestopfte Schlange mit wunderschönen Augen und langen Wimpern. Wachte morgens mit einem totalen Angstgefühl auf. Hat mich den ganzen Tag verfolgt.

Am darauffolgenden Tag notierte dieselbe Probandin in ihrem Protokollheft:

Ich kann nicht mehr weitermachen, ich träume nicht, denn ich schlafe nicht, ich stehe vor dem Trümmerhaufen meiner Beziehung. Er hat eine andere und wir wissen nicht, wie es weitergeht.

Vielleicht sind diese Schlangenträume weniger eine Spiegelung von Berberis als ein Ausdruck dessen, was die Probandin im Traum schon geahnt haben mag, bevor sie es erfuhr ...

Eine andere Berberis-Prüferin (5) träumte von einer Schlange aus Stoff:

... 15cm dick, glatter, glänzender, ich glaube roter Stoff, den ich um mich gewickelt hatte.

Und Probandin 1:

Bei einem Haus wird neben der Tür irgend etwas weggerissen, ein Fenster, glaube ich, und dafür wird zuerst eine weggespannte Plane eingesetzt und ein Boden aus fußballkarierten Schaumgummiwürfeln aufgeschüttet. Dann dreht sich plötzlich alles um Kreuzottern und einen Puma, der allerdings keine Chance hat gegen die armdicke, 1,5m lange Kreuzotter. Es gibt einen wilden Kampf, die Schlange versucht immer, den Hals des Pumas zu umschlingen. Beide rollen am Boden herum. Auch ich bin irgendwie involviert; dann sieht es so aus, als ob die Schlange den Puma erdrosseln würde, doch plötzlich wird sie richtig abgesprengt, als sie eigentlich schon gesiegt hat. Dann taucht eine zweite, sehr kleine, aber flinke Schlange auf, um die andere zu unterstützen. Dann bin ich im Kampf mit ihr und versuche sie so zu greifen, daß sie mich nicht beißen kann. Doch sie ist flink, ich kann ihr nicht entfliehen, dann habe ich sie doch. Sie versucht verzweifelt, ihren Schwanz um meine Hand zu ringeln.

Das Symbol der Schlange stand bei unseren Probandinnen wohl in sehr unterschiedlichem Situations- und Gefühlszusammenhang. Von Angst vor Vernichtung, Panik über Kampf mit der Schlange bis zur Schlange als verführerisches Attribut reicht die Palette. Wir empfehlen, Berberis vorsichtig in der Rubrik »Träume von Schlangen« nachzutragen, dabei aber Subrubriken mit Spezifikationen (Modalitäten, Assoziationen, Gefühle ...) anzulegen. Wie wir später noch ausführen werden, findet sich bei Berberis ein Konfliktmuster, das mit sexuellem Mißbrauch zu tun haben kann. Das Schlangenthema ist gut mit diesem Hintergrund in Verbindung zu bringen.[4]

FRANZ, EIN MISSVERSTANDENER PATIENT

Das folgende Beispiel möge zeigen, wie irreführend es sein kann, wenn Homöopathen Traumbilder wörtlich nehmen und wie reale Ereignisse behandeln:

Ein junger Asthmapatient, Franz, geboren 1970, der Sulfur mit Erfolg erhalten hatte — unter anderem aufgrund der Rubrik »Wahnidee[5], eine hochgestellte Persönlichkeit zu sein« — träumt ein Jahr später, er habe übernatürliche Fähigkeiten, er könne z. B. durch die Kraft seines Geistes eine Glühbirne zum Bersten bringen etc. In einem zweiten Traum sieht er sich mit

---

[4.] Vgl. die Rubriken zu diversen Schlangenarzneien: Wahnideen, es werde ihm (ihr) nachgestellt (Lach.), — er (sie) werde verfolgt (Lach.), — er (sie) werde durch seine (ihre) Umgebung verletzt (Lach., Naja), — er (sie) sei verzaubert und könne den Zauber nicht brechen (Lach.), Träume von Vergewaltigung (Cench.), ...

[5.] Der Gebrauch des Begriffes »Wahnidee« (im Englischen »delusion«) in einem solchen Zusammenhang mag grundsätzlichen Widerspruch erregen. Auch wir verwenden fallweise diese vor allem durch Rajan Sankaran [96] geprägte Diktion, weil sie sich bereits bei vielen Homöopathen eingebürgert hat und sich bei der praktischen Umsetzung der Lebenssituation. bzw. Symptomatologie des Patienten (wie auch eines Prüfers) in die Sprache des Repertoriums in Ermangelung besserer Rubriken gut bewährt hat.

seiner Freundin und einem Baby (das es in Wirklichkeit nicht gibt) am Fenster seiner Wohnung sitzen und ist glücklich. Die Wohnung ist doppelt so groß wie seine tatsächliche.

Für den behandelnden Homöopathen waren beide Träume — das Berstenlassen der Glühbirnen und die doppelt so große Wohnung — Ausdruck von immer noch vorhandenem »Größenwahn«, und er verordnete *deshalb* wieder Sulfur (Sulfur zu wiederholen, weil es beim ersten Mal gut gewirkt hatte, ist natürlich vertretbar).

In Wirklichkeit waren die ursprünglichen Größenphantasien einem realistischeren Selbstbild gewichen. Franz, der davon gesprochen hatte, Popstar werden zu wollen, während er sehr passiv, arbeitslos, stark an seine Mutter gebunden dahinlebte, hatte in diesem Jahr eine bescheidene Arbeit gefunden und war von zu Hause ausgezogen.

Vor diesem biographischen Hintergrund und angesichts des beglückenden Gefühls besonders im zweiten Traum ist es erlaubt anzunehmen, daß dieser Traum bestärkt und bestätigt: »Schau, so ist es, du hast mehr Raum (nicht mehr die asthmatische Enge), und es ist Platz für Neues, Junges, Zukunftweisendes (das Baby)!«

Geht man davon aus, daß der Traum die persönliche Sicht komplementiert und auf ›blinde Flecken‹ bzw. unbewußte Anteile aufmerksam macht, so müßte jemand mit Größenphantasien im Traum korrigierende Botschaften erhalten.

Der zweite Traum wäre also eher als Zeichen von Heilung und Entwicklung zu werten und keineswegs als Ausdruck des früher konstatierten »Größenwahns«.

Dieselbe Vorsicht, die wir für Traumdeutung in Therapieverläufen fordern, muß natürlich auch für die Interpretation von Träumen im Rahmen von Arzneimittelprüfungen angewendet werden. Wir sind sehr dankbar für die wertvolle Hilfe, die wir in den hier vorgestellten Arzneimittelprüfungen von Experten auf diesem Gebiet erhalten haben.

An dieser Stelle wollen wir angesichts der zunehmend hohen Bewertung von Träumen in der Homöopathie[6] vorschlagen, daß auch die *Homöopathieaus-*

---

[6]. Siehe dazu auch das zweite im Rahmen dieser Arbeit empfohlene Buch Whitmonts »Der Traum in der homöopathischen Praxis«. [116]

bildung neue Impulse, —»Traum-Impulse« erhalten müßte, um diese so wichtige wie schwierige Materie auch für den Nicht-Analytiker zu erschließen.

ARZNEIMITTELPRÜFUNG UND ANALYTISCHE TRAUMARBEIT

Wie ist nun die Geschichte des Träumers zu trennen von der Geschichte der Arznei? Wenn die Arznei sich in den Träumen äußert, ist zu erwarten, daß jeder Traum diese Botschaft »enthält«? Hahnemann schreibt im § 138 des Organon [44]:

> Wenn obige Bedingungen eines guten reinen Versuchs beachtet wurden (§ 124–127), rühren alle Beschwerden, Zufälle und Veränderungen des Befindens der Versuchsperson während der Wirkungsdauer einer Arznei bloß von dieser her und müssen als ihr eigentümlich und zugehörig, als ihre Symptome, angesehen und aufgezeichnet werden, auch wenn die Person ähnliche Zufälle vor längerer Zeit bei sich selbst wahrgenommen hat.

Unsere Prüfungserfahrungen vorwegnehmend, stimmen wir Hahnemann insofern zu, als einige unserer Prüfer selbst keine Änderung ihrer Traummuster bemerkten und meinten, Placebo erhalten zu haben, während die Arznei bei genauer Betrachtung doch ihre Abdrücke hinterlassen hatte. Wir widersprechen Hahnemann dort, wo tiefgreifende Ereignisse im Leben der Prüfer sich gegenüber der Arzneibotschaft in den Vordergrund drängen (wie etwa die Beziehungskrise der Berberis-Prüferin 8), und Symptome — in diesem Fall die Schlangenträume — eben nicht allein durch die Arznei erklärbar sind.

Als wir E. C. Whitmont baten, die Träume unserer ConvallariaprüferInnen zu analysieren, erhofften wir uns davon, daß sich der »rote Faden« von Convallaria klar durch die Träume ziehen würde und es rasch und einfach gelingen müßte, das Geheimnis von Convallaria sichtbar zu machen. Dem war nicht ganz so. Zwar zeigte die Analyse eines »Vortraums« im Vergleich mit einem Arzneitraum oft deutlich etwas anderes; dieses andere war jedoch schwer zu fassen, denn so sehr die Arznei auch impulsgebend sein mochte, so führte die analytische Traumarbeit in der Tiefe immer wieder zur Individualität des

Träumers, und je tiefer sie in seine Geschichten führte, desto weiter weg führte sie von Convallaria.

Was uns aus Arzneimittelprüfungen, die sich nicht so sehr mit Träumen beschäftigen, nur andeutungsweise bekannt war, wurde uns durch E. C. Whitmonts Anleitung im dritten Teil unserer Arbeit klar: Das geprüfte homöopathische Mittel erregt scheinbar unspezifisch, aber doch auch sehr individuell, da zunächst die »Schwachstellen« des Probanden reagieren.

Ist es die linke Schulter, die immer wieder Probleme macht, deren Nachvornesinken Ausdruck mangelnder Selbstbehauptung ist — wie die Traumaufarbeitung mit E. C. Whitmont bei Convallaria-Prüfer 21 zeigte — so ist dies primär typisch für den *Prüfer* und für das, was zum Zeitpunkt der Arzneimittelprüfung ein Thema in seinem Leben war. Es darf angenommen werden, daß auch andere Arzneien ähnliche Beschwerden ans Tageslicht gebracht hätten.

Wir vermuten, daß die (Prüf)arznei, die laut Whitmont bei jedem Prüfer in unterschiedlichem Ausmaß (je nach Affinität) auf »Integration und Individuation« drängt, dies in ihrer Funktion als Arznei, als ordnendes Agens tut, — und vorerst noch nicht in ihrer Rolle als homöopathisches Spezifikum.

Ob eine gänzlich »unpassende« Arznei überhaupt keine Resonanz im Probanden erzeugt hätte, muß offen bleiben, zumal die Erwartungshaltung gegenüber der Arzneimittelprüfung oder der Persönlichkeit des Prüfungsleiters ein Anstoßen persönlichkeitsspezifischer Konflikte des Prüfers, der Prüferin bewirken kann.[7]

Immer gilt es, Arzneispezifisches von Probandenspezifischem zu trennen (also Arzneiträume von Probandenträumen), Kollektives von Individuellem. Eine schwierige Aufgabe; um so erstaunlicher ist es, daß es so viele, vor allem

---

[7]. E. C. Whitmont hierzu (aus einem Briefwechsel zu diesem Thema):
Wenn wir von jemandem »angestoßen« werden, dann reagieren wir einerseits strikte aus *unserem eigenen* Komplex heraus, andererseits aber durch Resonanz, d. h. *Ähnlichkeit* mit dem, was uns anstößt. Je größer die Ähnlichkeit, desto intensiver und breiter (tiefer? — Anm. d. Verf.) ist meine Reaktion. Aus den gemeinsamen Nennern der Art, in welcher der »offensive« Kerl andere Leute affiziert, kann auf die spezifische Natur seines Soseins geschlossen werden. Also: Der Prüfer reagiert mit seiner Individualität. Die Natur des Arzneifeldes kann aber aus den gemeinsamen Nennern einer Zahl von Prüfern, also statistisch, und zusätzlich (und mit Vorsicht) aus der Intensität und Breite (Tiefe? — Anm. d. Verf.) der Einzelreaktionen geschlossen werden.

alte Arzneimittelprüfungen gibt, die — unbelastet von unserem heutigen Problembewußtsein — sehr brauchbar sind.

Bei Lindsay Clarke (»The Chymical Wedding« [23]) fanden wir Trost: *All the best things come in code, you have to work for meaning.*[8]

Ein Bild drängt sich auf: Wenn der Archetypus »Arznei« aus der Ewigkeit des Urgrunds sich zu Raum und Zeit verdichtet, verzweigt er sich zugleich zu den Eintrittspforten hin, die ein Proband durch seine Einzigartigkeit bietet, bricht sich in ihm, und erscheint als Symptom, das aus beidem besteht — aus Arznei und Proband.

Es bedarf der Gunst der Stunde und des Weitwinkels einer präzisen Kamera, über die Summe der Teile hinweg einen Abglanz dieses Urgrundes einzufangen. Der Beschränktheit unserer Kameraführung sind wir uns wohl bewußt

VON DER QUALITÄT DES AUGENBLICKS

Neuere Arzneimittelprüfungen sind oft getragen von einem geschärften Sinn für die Qualität des Augenblicks. Das heißt, Ereignisse, die zeitgleich mit der Arzneiprüfung auftreten, werden mit dieser in einen Sinnzusammenhang gebracht. Eine solche Vorstellung kann erhellen oder verzerren und scheint uns wichtig genug, um diesem Thema einige Gedanken zu widmen. C. G. Jung hat den Begriff der Synchronizität geprägt, demzufolge gleichzeitig stattfindende Ereignisse nicht ›zufällig‹ sind, sondern in einem Sinnzusammenhang stehen. Für unsere Arzneiprüfung stellt sich nun die Frage:

Sind zwei oder mehrere Ereignisse, deren gleichzeitiges Auftreten wir »synchron« nennen, mit einem inhärenten Sinn ausgestattet? Oder projizieren wir »Sinn« in Ereignisse, die lediglich gleichzeitig ablaufen? Und wie läßt sich das eine vom anderen unterscheiden?

Müssen das Verschütten von Milch, der Anruf vom Finanzamt, der versäumte Autobus, die Fieberblase an der Oberlippe und das Loch im rechten Socken — Ereignisse, die alle an einem Tag der Arzneimittelprüfung aufge-

---

[8] Das Beste erscheint immer verschlüsselt, und seine Bedeutung will erarbeitet sein. (Übersetzung durch die Verfasser)

treten sind — Phänomene sein, die mit dem Wesen der geprüften Arznei in Verbindung zu sehen sind? Wir kennen doch auch psychiatrische Krankheitsbilder, deren Kennzeichen es ist, daß alles mit allem durch eingebildeten Sinn verknüpft erscheint, die Angst vor der eigenen Bedeutungslosigkeit somit durch universelle Sinngebung pathologisch kompensiert wird.

Was macht also *Sinn*, wo wird uns *Sinn* geschenkt, und wo *machen* wir Sinn? *Manchmal liegt die Versuchung nahe »Sinnbilder zu basteln«, — ob Sinn erfaßt oder »verfaßt« wurde, läßt sich oft erst im nachhinein beurteilen.* Wir bitten Sie, unsere Kollegen und Leser, Ihre Beobachtungen und Erfahrungen zu dieser Reflexion beizutragen.

Zur Vertiefung dieses Themas können wir hier nur auf die weiterführende Literatur hinweisen [86, 115].

BERBERIS

Jänner/Februar 1993

»Mir war das völlig fremd,
daß diese Mutter dort eine Hure war.«

RAHMENBEDINGUNGEN

Die ArzneiprüferInnen waren StudentInnen der Vorlesung »Einführung in die Homöopathie« an der Medizinischen Fakultät der Universität Wien. Besonders jene StudentInnen wurden eingeladen, die über eine gewisse Traumerfahrung verfügten bzw. die sich als »gute Träumer« oder »Träumerinnen« bezeichneten. Zur Statuserhebung verwendeten wir den etwas modifizierten Anamnesefragebogen von Hansjörg Hée, St. Gallen.
Von 19 ProbandInnen wurden von 4 Männern und 8 Frauen brauchbare Prüfungsprotokolle abgegeben und ausgewertet. Die ProbandInnen waren zwischen 22 und 47 Jahre alt. Ein Sozialarbeiter, eine HNO-Fachärztin, eine Psychotherapeutin, ansonsten Pharmazie- und MedizinstudentInnen waren vertreten. — Die PrüferInnengruppe war bewußt klein und überschaubar gehalten worden, um die Entwicklung eines Gruppenprozesses und -erlebnisses zu ermöglichen bzw. zu fördern (siehe später!). Alle ProbandInnen wurden dazu angehalten, während der Arzneimittelprüfung keine Beobachtungen auszutauschen.
Ziel der Arzneimittelprüfung war die Suche nach dem Grundthema eines bisher vorwiegend organotrop bzw. funktiotrop verwendeten homöopathischen Arzneimittels. Berberis erscheint zwar im Vergleich zu anderen ebenfalls häufig verwendeten Arzneien unserer Materia Medica relativ gut geprüft — auch im mentalen Bereich. Wie bei vielen ähnlichen Arzneien ist jedoch ein Grundthema, eine »Essenz«, ein »Grundkonflikt« nicht bekannt. Die

Träume unserer ProbandInnen sollten bisher unerforschte Tiefen der Arznei zugänglich und für die Therapie verwertbar machen.

Die Prüfung wurde doppelblind und placebokontrolliert durchgeführt. Die Auswahl der Prüfarznei erfolgte aus einer Liste von 7 vorgegebenen Arzneien. Ein Proband/eine Probandin sollte während der gesamten Prüfungsdauer Placebo erhalten. Als Prüfpotenz wurde die C30 gewählt, die anfangs einmal täglich einzunehmen war; bei Reaktion auf die Arznei war auszusetzen, abzuwarten bis zum Abklingen der Symptome, danach Fortsetzung der Einnahme.

Als Referenz bzw. Grundlage für die Beurteilung der Wertigkeit von Prüfsymptomen galt das bereits erwähnte ausführliche Anamneseprotokoll, in dem auch das Muster, die Thematik, die Häufigkeit etc. der bisher durch den Prüfer registrierten Träume festgehalten wurde. Erst nach Abschluß der Arzneimittelprüfung, deren Dauer im Durchschnitt ca. 6 Wochen betrug, wurde mit jedem einzelnen Probanden, mit jeder einzelnen Probandin nach bereits erfolgter Durcharbeitung ihrer Traumprotokolle ein Gespräch geführt.

Dabei wurde jeder einzelne Traum im Kontext zur Lebenssituation des Träumers und auf seine Assoziationen hin besprochen. Hierbei erlegten wir uns die Regel auf, über den Inhalt unserer Gespräche mit den ProbandInnen keine Informationen auszutauschen, um das Befragungsmuster des jeweils anderen nicht zu präjudizieren. Dieses Schweigegelübde wurde erst knapp vor der geplanten Gruppensitzung gebrochen, um den Ablauf des geplanten Gruppentreffens besser strukturieren zu können.

Die Identifikation und das Engagement einiger unserer PrüferInnen ging übrigens so weit, daß von Arzneiglobuli, von Arzneifläschchen selbst geträumt wurde, daß ProbandInnen angaben, sie empfänden Freude im Traum, weil sie dadurch einen wertvollen Beitrag zur Arzneimittelprüfung leisteten. Von einigen ProbandInnen wurde das Träumen als »anstrengend« bezeichnet. Der bekannten Berberis-Qualität »many dreams« (Synthetisches Repertorium, Bd. 3 [10]) wurden die meisten unserer PrüferInnen gerecht. Ein Proband (6) protokollierte 115 Träume!

Die im folgenden angeführte ProbandInnenliste soll einen Überblick geben.

Nummer d. Verum-ProbandInnen[1]	m/w	Alter	Prüftage Tage Arzneieinnahme
1	w	29a	49
2	w	47a	46
3	w	22a	31
4	m	24a	63
5	w	25a	42
6	m	29a	36
7	w	30a	49
8	w	27a	47
9	w	22a	?
10	m	28a	?
11	m	23a	1
12	w	39a	2
13	m	38a	2

Bei unserer Berberis-Arzneimittelprüfung, in deren Verlauf einmal täglich 5 Globuli einer C30 eingenommen wurden, stellen wir rückblickend eine auf-

---

[1.] In dieser Aufstellung sind auch die Verfasser aufgeführt.

fallend lange Prüfungsdauer fest. Bei insgesamt 368 Prüfungstagen (durchschnittlich ca. 33 Tagen pro Proband), muß es verwundern, daß nicht noch heftigere Prüfungssymptome (als bei Probandin 7) in Erscheinung getreten sind. Bei unseren weiteren Prüfungen haben wir die Anzahl der Prüfungstage deutlich reduziert — mit überschaubaren (Traum)ergebnissen, ohne Verlust an Aussagekraft und — wie später bei Convallaria feststellbar — mit trotzdem heftigen Reaktionen einzelner ProbandInnen.

GRUPPENBILD MIT AMEISE

Eines Freitagabends wurden alle ProbandInnen zu einem Gruppengespräch eingeladen, von dem wir uns die gemeinsame Entwicklung und eventuell auch Verdeutlichung einer Grundidee des noch unbekannten geprüften Mittels erhofften. Gleichzeitig war uns aber auch bewußt, daß ein Gruppenprozeß gefährliche Eigendynamik entwickeln könnte: Verirren in eine sich aufgrund gruppendynamischer Vorgänge aufblähende, aber im Grunde irrelevante Idee, Druck auf die einzelnen ProbandInnen, entweder zu schweigen oder die Träume selbstdarstellungssüchtig hervorzukehren, — überhaupt der Druck der auf der ganzen Gruppe lastenden Aufgabe, eine Conclusio, ein für alle befriedigendes Ergebnis innerhalb begrenzter Zeit an diesem Abend zustandezubringen ...

Unsere Berberis-PrüferInnengruppe wurde durch die Präsenz einer Wiener Psychotherapeutin bereichert, die sich neben ihrer Tätigkeit als Atemlehrerin seit vielen Jahren intensiv mit den Träumen ihrer Patienten befaßt. Sie, die nicht an der Arzneimittelprüfung teilnahm, wurde zu einem späteren Zeitpunkt, nach nahezu beendetem Auswertungsprozeß, noch einmal in die Bearbeitung des Arznei-Themas einbezogen.

Eine Prüferin (7) hatte die Prüfung aufgrund massiver körperlicher und psychischer Reaktionen abbrechen müssen, und somit wählten wir ihre Träume als deutlichen Wegweiser zu unserer Arznei; zumal die Träumerin in der Gruppe angab, daß sie ihre Träume als ihr völlig fremd und ekelhaft erlebt hatte.

Beim Sammeln der häufigsten Traumbilder und -themen fanden wir als Schwerpunkte: kollektives Geschehen, Versammlungen, Bekannte und

Freunde aus früheren Zeiten (Kindheit, Schulzeit), Massenreisen, viel Bewegung, Schul- und Prüfungsträume und relativ wenig damit assoziiertes Gefühl. Mehr und mehr tauchte das Bild der geschäftigen Ameise auf, die im strukturierten Verband mit vielen ständig in Bewegung ist und tatsächlich vieles bewegt. Da eine der möglichen vorausgewählten Arzneien Formica rufa war, waren wir (die Prüfungsleiter, denen einzig diese Vorauswahlliste bekannt war) unserer Sache recht sicher, bis wir das Geheimnis lüfteten. Um so verblüffter waren wir, als wir lasen, daß alle ProbandInnen Placebo geprüft hatten! – Einige fühlten sich bestätigt, hatten sie doch in ihren Träumen kaum anderes bemerkt als in ihren üblichen Träumen. Die Prüferin 7, eine Psychotherapeutin, war verständlicherweise erbost, mußte ihre massive Reaktion nun doch als »hysterisch« erscheinen.

DIE PLACEBO-DESILLUSION ODER »-DELUSION«

Unsere eindrucksvollen Träume sollten also nichts anderes als Placeboträume sein, d. h., daß sich in ihnen nichts anderes als das Unbewußte der jeweiligen ProbandInnen bzw. kollektive Themen, gültig für die Altersgruppe und den sozialen Status unserer PrüferInnen, spiegelten? Wir zweifelten an sämtlichen bisherigen Arzneimittelprüfungen der homöopathischen Literatur, besonders an den Traumrubriken im Repertorium, bis hin zur Brauchbarkeit der von uns so häufig verwendeten homöopathischen Quellen. Waren wir doch schon bereit gewesen, Rubriken zu erstellen wie »Träume von kollektiven Reisen, Kindheit, Schlangen, Verletzung ... «, die sich nun rückblickend als gruppendynamisches Artefakt erwiesen, als bunte Assoziationskette von »Ich habe geträumt von ... «, »Ja richtig, ich auch ... « usw.

Einige Tage befanden wir uns in diesem »Placebo-Loch«, erfüllt von Verunsicherung, Selbst- und Homöopathiezweifeln und auch von Schuldbewußtsein unseren braven ProbandInnen gegenüber, die so viel Zeit für die Prüfung geopfert hatten — und dies alles nur zum Zweck einer Begegnung mit der »Scheinarznei«? Sicherlich machten wir auch den Versuch zur Rettung unserer eigenen Position in dieser Arzneimittelprüfung und versuchten, dieser für alle so überraschenden Wendung möglichst viel Positives abzugewinnen: Nur aus der Auflösung alter Strukturen und Dogmen könne für uns wieder ein neues homöopathisches Selbstverständnis entstehen. Jede/r unserer ProbandInnen sei durch das Ergebnis jenes Freitagabends aufgerufen, sich mehr mit sich selbst, mit seiner eigenen Geschichte zu beschäftigen. Und nicht zuletzt war schon daran gedacht, einen geplanten Tagungsbeitrag der homöopathischen Arzneimittelprüfung von »Placebo« und deren Konsequenzen zu widmen.

Doch es sollte ganz anders kommen : Durch ein Telefonat mit der Herstellerin unserer Prüfarzneien erfuhren wir letztlich von der wahren Verum- und Berberis-Qualität unserer Prüfarznei : Nur eine Probandin hatte — wie auch ursprünglich vereinbart — Placebo erhalten. Das ganze unglückselige Mißverständnis war durch einen Beschriftungsfehler bei der Abpackung vor dem Versand zustandegekommen (auf den hier nicht näher eingegangen werden kann).

Also doch Verum und nicht Placebo, aber nicht Formica rufa, sondern *Berberis*? Viele Denkprozesse waren in Gang gekommen und hatten nun erst recht weiterzugehen. Wie hatte es zu dieser Formica-Berberis-Verwechslung kommen können? Wie konnten wir es uns anmaßen, die massiven Reaktionen unserer Prüferin 7 derart in Frage zu stellen und diese ihrer eigenen Persönlichkeit, bar jeden Arzneieinflusses, in die Schuhe zu schieben? Wie konnte es sogar erfahrenen Arzneiprüfern bzw. -auswertern passieren, die eindrückliche Wucht eines Verum-Arzneistoffes zu verleugnen, nachdem durch die Mitteilung eines verschlossenen Kuverts plötzlich alle Symptome unserer ProbandInnen als »Placebo« etikettiert worden waren ?

Nachdem wir uns wieder einigermaßen konsolidiert und auch einen klärenden Brief an unsere ProbandInnen ausgesandt hatten, begaben wir uns ohne weitere Umwege in das Berberis-Thema hinein, sammelten noch Nachbeobachtungen unserer PrüferInnen und fügten diese in das bis dahin vorliegende Material ein. Sodann sichteten wir im Rahmen einer dreitägigen Klausur die vorliegenden Träume aus den Verum-Protokollen, um das Berberis-Thema zu entwickeln, und verglichen sämtliche in unserer Prüfung aufgetretenen Symptome (auch jene aus dem körperlichen Bereich) mit den uns zur Verfügung stehenden Quellen [4, 13, 17, 22, 31, 45, 46, 54, 55, 71, 80, 88].

DIE PFLANZE BERBERIS

Berberis (Sauerdorn) ist ein bis zu drei Meter hoher, sommergrüner Strauch mit dicker, verzweigter, zäher Wurzel und aufrechten, glatten, grünen Zweigen. Diese tragen kurzgestielte, eiförmige, scharfgezähnte Blätter und gelbe, stark duftende Blüten in hängenden Trauben. Der Fruchtknoten bildet eine längliche, rote, saure Beere. Die Zweige dieses dornentragenden Busches sollen Bestandteil der Dornenkrone Christi gewesen sein, weshalb die Pflanze in Italien auch »Heiliger Dorn« genannt wird [68]. Zur Tinktur wird die getrocknete, graubraune, innen dunkelgelbe, dünne, faserige Wurzelrinde verwendet (Mezger [80]). Die herbstliche Prozedur des Ausgrabens der Berberitzenwurzel wird von den Kräutersammlern auch als »Goldsuchen« bezeichnet. Die Berberis-Blattunterseite erinnert an das Innere von Muschelschalen (zur Etymologie siehe später).

Viele Arten (und Abarten) von »Berberis« sind heute in unseren Gärten und Parkanlagen anzutreffen. Oft dienen sie der Abgrenzung von Rasen- oder Kulturflächen.

Rudolf Steiner empfahl Berberis bei Myomen der Gebärmutter, denn »die Kraft, die in einer solchen Formenbildung sich offenbart, erscheint bei dieser Pflanze hingelenkt auf die Organregionen des Unterleibes, was sich darin zeigt, daß die Unterseite der Blätter fast regelmäßig mit Ustilaginaceen bedeckt ist. Pilzbefall deutet einen Bereich mondenhafter Wirkungen an.« (Husemann/Wolff [47]). — Dieser Neigung zu Pilzbefall (Schwarzrost) ist es übrigens zuzuschreiben, daß die Berberitze, wenn sie in der Nähe von Getreidefeldern wächst, von den Bauern ausgerottet wird).

TRAUMBEGEGNUNGEN MIT BERBERIS

Als wertvollste ProbandInnen unserer Berberis-Prüfung wählten wir jene aus, die ein deutliches Beschwerdebild (Prüferin 7), Besserung präexistenter Beschwerden oder eine prognostisch günstige Änderung der Trauminhalte (fünf weitere Probandinnen) erlebt hatten.

Immer wieder wurden die Träume unserer ProbandInnen von verschiedenen Seiten betrachtet, in dem Bemühen, erstens die »Geschichte« des ProbandInnen selbst und die »Geschichte« der Arznei zu unterscheiden und zweitens, um einen »roten Faden« greifbar zu machen.

» ... *als ob mir jemand im Kreuz stünde*»

Prüferin 7, die wir als beste Berberis-Responderin ansehen, gab eine besonders eindrucksvolle Antwort auf den Prüfstoff im körperlichen Bereich, wie auch in ihren Träumen: Am 17.3.1993 kam sie in einem verzweifelten Zustand zu mir (P.K.) in die Praxis, nachdem sie die Arzneimittelprüfung nach sechs Wochen Prüfdauer abgebrochen hatte.

Sie habe vor fünf Tagen im Rahmen eines Infekts Husten mit Brustschmerzen beim Atmen, Schnupfen, Frösteln und nächtlichen Schüttelfrost, sodann hohes Fieber mit Hitzegefühl und Schlaflosigkeit entwickelt. Sie, die sonst »sehr viel Kraft« habe, habe nun das Gefühl »einer absoluten Grenze«, eines Energieverlustes, »wie ein Stopp«. Im Kopf sei sie ganz klar, aber die Arzneimittelprüfung »reiche« ihr, und was sie nun brauche, sei konkrete Abhilfe. Schwitzen, Schwäche, völlige Inappetenz. Es sei »elendig schwer«, die Arme zu heben, das Aufhängen der Wäsche gelinge nur mit »unendlicher Mühe«. Der »ganze Alltag ist schwer.« Es sei unendlich schwer, die Beine vorwärtszubewegen, sie fühle sich »wie mit Blei beschwert«. Im Lumbalbereich das Gefühl, »als wenn mir jemand im Kreuz stünde«. Stirnkopfschmerz. Sie gehe sonst *nicht* gleich zum Arzt, diesmal aber *müsse* sie, der Allgemeinzustand mache ihr Angst. Sie fühle sich ruhelos; obwohl sie das Bett brauche, habe sie keine Lust, dort zu bleiben. Sie, die sich doch »gesundschlafen müßte«, hat nun Probleme mit dem Einschlafen.

Als Simile, um gleichzeitig die damals vermutete Verum-Wirkung einer noch unbekannten Arznei zu antidotieren, wählte ich Nux vomica, das ich als einmalige Gabe einer C200 sogleich verabreichte. Eine briefliche Rückmeldung der Probandin vom 30.3.1993 lautet wie folgt:

> Schon am nächsten Tag nach Nux vomica hatte ich meine Kraft wieder. Mein Motor läuft wieder, so daß das Schneckendasein nur eine kurze Episode war. Auch der schmerzhafte Husten besserte sich sogleich, so daß nach fünf Tagen alle Symptome dieser ›Erkältung‹ verschwunden waren ...

Berberis-Träume der Prüferin 7

Die protokollierten Träume der Probandin 7 werden in der Folge chronologisch und vollständig wiedergegeben, damit anhand von Kommentaren (Absätze unter den jeweiligen Träumen in Kursivschrift) unsere Annäherung an das Thema von Berberis nachvollziehbar wird (oder auch in Frage gestellt werden kann). Wir empfehlen, zunächst nur den Originaltext der Träume selbst zu lesen, damit ein eigener Zugang zur Interpretation offen bleibt. Bei den Kommentaren zu den ProbandInnen-Träumen weisen wir darauf hin, daß unser Herangehen an diese Träume nicht mit psychotherapeutisch-analytischer Zielsetzung erfolgte, und wir somit eine detaillierte individuelle Interpretation zugunsten allgemeinerer (archetypischer?) Aspekte zurücktreten ließen. Diese Anmerkungen (gültig für die Trauminterpretationen dieses Buches) setzen sich aus den Assoziationen der Probanden und den daraus folgenden für die Träumer stimmigen Schlußfolgerungen zusammen.

1. Traum (21.1.1993):

Blasser Traum, ohne Farben, ein vergammeltes, verfaultes Haus, in dem gefühllose Menschen zusammenhanglos ihr Wesen treiben. Irgendwie ging es um Wettstreit. Wettstreit um gesellschaftliche Stellung? Ich und andere auch mußten Schuhe putzen. Ich tat dies nicht. Es war da ein großer Raum mit einem Regal hoch oben. Auf dem Regal waren Stühle und Sessel gestapelt. Es fielen welche herunter, jedoch ohne Geräusch.

Das Haus gilt als Bild für das Selbst, für die Persönlichkeit. Das vergammelte, verfaulte Haus könnte sich also auf die Träumerin selbst beziehen: als Frau? Als Mensch? Als Mutter? Wettstreit um gesellschaftliche Stellung am falschen Ort?. Schuhe weisen auf eine Realitätsbeziehung hin, die nicht klargestellt (geputzt) wird. Schuheputzen: Unten beginnen, Voraussetzung für saubere eigene Schritte schaffen, Erden – wird verweigert; Stühle und Sessel stehen zu hoch und fallen. Traumgefühl: Ekel.

2. Traum (22.1.1993):

Ich lebe in einer fremden Familie, wo alle anderen arbeiten. Ich anscheinend nicht. Die Menschen waren ebenfalls alle fremd. Irgendwie ging es auch hier völlig gefühllos zu. Irgendwie merkte ich plötzlich an mir eine Art Krankheit. Rund um meinen Nabel wuchsen ganz lange dunkle Haare. Der ganze Unterbauch war voll. Mittendrin war ein Loch oder eine tiefe Mulde. Das Ganze war ekelhaft, ekelerregend.

Fremdheit, Anderssein, ungeborgen. Am Bauch (im Becken?) Tierisches, Männliches, Fremdes, Entfremdetes. Mittendrin eine Wunde? Ein Mangel? Eine Ungeschütztheit? Wieder das Gefühl von Ekel.

3. Traum (25.1.1993):

In der Stadt, wo ich aufwuchs, will ich eine Freundin besuchen. In unserer Straße gehe ich hinauf, finde das Haus der Freundin aber nicht. Frage jemanden, wo sie jetzt sei. Eine Frau sagt: ›Wann war das? Die Häuser sind schon lange abgerissen.‹ Erst jetzt bemerke ich, daß an derselben Stelle andere Häuser stehen – moderne. ›Ach, dieses Haus, wo die merkwürdige Frau drinnen wohnt, die Nutten.‹ Mir war das völlig fremd, daß dort diese Mutter eine Hure war.

Rückblick in die eigene Vergangenheit; Suche nach Kontakt, Wärme, Mütterlichkeit? Nutten: das degradierte, verzerrte Weibliche. Die Mutter als Hure; Einsamkeit, Verfremdung.

4. Traum (31.1.1993):

Ich war in einer Erwachsenenschule, aber es wurden die Lehrer geprüft. Über für mich undurchsichtige Fähigkeiten. Sie schnitten mittelmäßig ab.

Ablösungsschritt von männlicher Autorität? Vom Vater? Oder ein Traumurteil über die Prüfungsleiter?

5. Traum (3.2.1993):

Ich bin schwanger, merke es nur daran, daß was in meinem Unterbauch kräftig zappelt. Denke mir: Ach du Schreck, der Zeitpunkt paßt aber gar nicht.

Wann ist der beste Zeitpunkt, mir selbst, dem Neuen in mir, zu begegnen? Bin ich bereit dazu? Der Körper läßt etwas mit sich geschehen, was der Kopf nicht will.

6. Traum (4.2.1993):

In einem großen Kaufhaus für Lebensmittel kauft meine Mutter ein, aber nicht die Sachen, die ich gerne hätte: Schokolade, Süßigkeiten. Bei dem Einkauf sehe ich auch einen älteren Mann, ich dachte, es könnte der Schwiegervater in spe sein, den ich aber noch nie wirklich gesehen habe. Ich ging in das Kaufhaus zurück, um mir das zu kaufen, was ich wollte. Ekelhaft und unhygienisch, wie hier die Dinge angepriesen werden. Man konnte sich von großen Exemplaren Stücke runterbrechen oder abbeißen, so daß man wußte, was einen im Kleinen verpackt erwartete. Ich schnappte mir die letzte in Schokolade getränkte Puffreisbanane, schnappte sie wirklich jemandem weg. Dann folgte ein Loch – nichts. Im Traum kam ich dann wieder auf der Straße zu mir, ein Mann, ähnlich unserem Hausverwalter, stützte mich und sagte, ich hätte durch das, was ich zu mir genommen hätte, einen Anfall gehabt. Ich wußte sofort, daß es ein epileptischer Anfall war.

Was die Mutter mitbringt, für mich will, will ich nicht. Ich lehne es ab, mich mit meiner Mutter zu identifiziere, ich will Süßes —, meine eigene Art, Sexualität zu erleben. Aber dieses Süße erscheint mir in der Art, wie es angepriesen wird, ekelhaft (hurenhaft). Trotzdem nehme ich, was ich bekommen kann, schnappe jemandem was weg, will meinen Hunger stillen, verliere aber das Bewußtsein. Körper und Geist trennen sich. Der Verwalter meines Hauses, des materiellen, körperlichen Orts meines Seins weiß, was geschehen ist und erklärt es mir. (Ein Teil von mir weiß, wie ich meinen Körper verrate.)

Aus dem Anamneseblatt der Träumerin noch einige Informationen zur Person: blaß, schlank, knabenhaft; viele Nävi; Mutter eines zweijährigen Sohnes, seit dieser Schwangerschaft kein erfüllendes Frausein: »Ich bringe Frau und Mutter noch nicht unter einen Hut.«

Berberis konfrontiert Probandin 7 also in drastischer Weise mit einem Thema, das ihr bereits als Konflikt bewußt war, wenngleich auch nicht in diesem Ausmaß.

Besonders interessant schien uns die Entwicklung des Themas in der Abfolge dieser Träume. Lassen wir die vermutliche Botschaft der Träume noch einmal Revue passieren:

Ich lasse mein Frausein vergammeln, verfaulen, entfremde mich meiner Weiblichkeit, weigere mich zu putzen und zu klären, mich dem zu stellen, wie es ist. Das macht mich krank: Ich bin mir selbst gegenüber gefühllos, fühle mich isoliert. Meine Krankheit ist in meinem Bauch, dem Zentrum der Sinnesfreuden, dem Ort des Nabels, der mich mit meiner Mutter verbindet. Ich empfinde Ekel. Ich suche den verlorenen Kontakt mit meiner Weiblichkeit und finde ihn nicht, finde statt dessen erniedrigtes, verkauftes Frausein.

BERBERIS

Etwas Neues beginnt in mir zu leben, hat sich in meinem Bauch niedergelassen, ohne daß ich es gemerkt habe. Wo war mein Kopf, mein Bewußtsein? Ich lehne meine (äußere und als Folge davon auch innere) Mutter ab; weiß mich daher nicht zu nähren, nehme mir eine Puffreisbanane, ohne zu wissen, was mir guttut, was ich wirklich will und brauche. (»Puff« *ist eine österreichische Vulgärbezeichnung für ein Bordell.*)

Das Thema dieser Traumabfolge könnte sein: Wie kann ich Mutter sein, ohne mein Frausein zu verlieren? Oder als »Wahnidee« (siehe noch einmal später) formuliert: »Als Mutter bin ich entweder asexuelles Wesen oder Nutte.«

Berberis in den Träumen anderer PrüferInnen

Zwei Probandinnen (2, 5) erfuhren in der Zeit der Berberis-Prüfung einen überraschenden Energiezuwachs, fühlten sich aktiver und auch gelassener als sonst. Eine der beiden (2) träumte einen altbekannten Wiederholungstraum in neuer Weise – vielleicht als Heilungstraum?

Ich bin als Ärztin im Krankenhaus, halbnackt. Es stehen bekleidete Ärzte herum. Ich schäme mich.

Diesmal wird der Traum sechs Tage nach Beginn der Arzneimittelprüfung folgendermaßen geträumt:

Wieder im Krankenhaus – halbnackt, aber ich schäme mich nicht, ziehe versehentlich einen Arztmantel an, der viel zu lang ist. Alle lachen – ich auch.

Kennzeichnend für nahezu alle Träume der Prüferin 2 ist, daß Problemsituationen sich lösen, obwohl die Erwartung negativ ist. Daß sich durch die Arznei ein ganz neues »Muster« kundtut, zeigt sich möglicherweise schon im ersten Traum.

24.2.1993:

Ich stricke einen Pullover. Während ein Vorderteil halbfertig ist, werde ich von meiner Tochter überredet, das Konzept zu ändern. Ich stricke mit anderer Farbe und anderem Muster weiter.

19.3.:

Ich habe Buchsbaumästchen zur Bewurzelung in die Erde gesteckt. Mein Mann hat sie weggeworfen. Ich habe sie wiedergefunden und freue mich über die schönen Wurzeln.

22.3.:

Die Haustüre steht offen, und der Schlüsselbund hängt nicht an seinem Platz. Während ich meine Schuhe anziehe, wird die Tür von außen zugezogen und versperrt. Ich steige durch das Küchenfenster und laufe auf die Straße. Neben zwei Autos, deren Nummerntafel abmontiert sind, stehen zwei kräftige Männer. Ich fordere meinen Schlüssel, schrei sie an, während mir klar ist, daß ich körperlich keine Chance habe. Freiwillig gibt mir einer einen Teil der Schlüssel. Die restlichen reiße ich ihm aus der Hand. Die Männer fahren mit dem Auto weg. Währenddessen kommen einige Jugendliche frierend und singend daher. Sie wollen sich im Haus aufwärmen, aber nach den letzten Erfahrungen möchte ich keine fremden Leute ins Haus lassen. Sie sollen in der Garage warten, bis ich ihnen heißen Tee bringe. Zwei zarte junge Frauen lasse ich zu mir in die Küche kommen.

24.3.:

Ein milder Frühlingswind weht. Ich öffne mich ganz und lasse die äußeren Einflüsse wehrlos und ungeschützt in mich eindringen.

Im Zimmer einer Freundin bewundere ich eine ungewöhnlich reich blühende Bougainvillea.

In den Träumen zeigt sich Befreiung von Ängsten. — Wenn Berberis mit diesem Thema zu tun hat, so hat die Prüferin 2 dieses Thema ohne Krise bewältigt, — vielleicht, weil das zu Heilende schon von vornherein der Lösung näher war?

Eine Frau, die offenbar Probleme mit ihrem Selbstwertgefühl hat, entwickelt ein zunehmend besseres Gefühl zu sich selbst im Traum, was mit einem Wohlbefinden in der Realität einhergeht. Sie läßt sich von den umstehenden (männlichen?) Ärzten nicht mehr einschüchtern, sondern zieht sich den Arztmantel an, auch wenn er (noch?) zu groß ist, widersetzt sich der destruktiven Gewalt der Männer (Buchsbaumästchen, Hausschlüssel), die Pflanzen der Frauen gedeihen und blühen (ihr Buchsbaum, die Bougainvillea der Freundin).

Träumerin 5 notiert am zweiten Prüfungstag:
> Ich war extrem gut aufgelegt, fast wie betrunken. Habe aber nichts getrunken. Leicht enthemmt, laut, lustig. Am Tag darauf wieder in ausgesprochen komischer, lustiger Stimmung.

Am 3.2.1993 – eine Woche nach Prüfungsbeginn:
> Ich bin überhaupt recht gelassen.

Über ihre Träume vor der Arzneimittelprüfung schreibt Probandin 5:
> Ich träume immer wieder, daß ich davonlaufe oder nur schnell gehen möchte, aber die Füße sind so schwer, daß ich sie nicht heben kann. Ich träume immer wieder, daß die Zähne zu wackeln beginnen und danach ausfallen. Ich werde immer schneller, kann nicht stoppen, wache aber auf, bevor etwas passiert. Prüfungsträume, Verfolgungsträume.

Zu Beginn der Arzneimittelprüfung träumt sie einige ihr wohlbekannte Examensträume, dann am 8.2.1993:
> Ich habe geträumt, daß ich schwanger bin. Bereits im neunten Monat, kurz vor der Geburt. Ich bin bereits im Spital oder gerade ins Spital gefahren und warte mit drei oder vier anderen Frauen. Eine nach der anderen hat den Blasensprung. Nur ich warte und warte. Schaue, ob nicht doch endlich etwas feucht wird. Ich sehe bei einer Frau, daß das Fruchtwasser nur sehr wenig ist und denke mir, daß ich immer dachte, daß das viel mehr sein müßte.
>
> Schwangersein und knapp vor der Entbindung zu stehen ist aufregend, eine Art Konkurrenz-und Prüfungssituation. Mache ich es genausogut wie die anderen Frauen?
>
> Ich schaue den anderen zu und korrigiere dabei meine Vorstellungen.

9.2.:
> Ich habe wieder von einer Prüfung geträumt. Erinnere mich nicht, was es war, nur daß ich ein Kleid, oder eigentlich gar kein Kleid, sondern eine Schlange aus Stoff, 15 cm dick, glatten, glänzenden, ich glaube roten Stoff um mich gewickelt hatte.
>
> *Ich fühle mich verführerisch, das ist mir ein bißchen peinlich, aber auch aufregend. Meine Attraktivität als Frau wird auf die Probe gestellt, geprüft. Ist es das, was im*

vorhergehenden Traum als bevorstehend geträumt wurde, — *die Entfaltung einer neuen (attraktiven, verführerischen) weiblichen Identität?*
Am Tag darauf kommentiert sie:
Ich habe mich in der Früh ausgesprochen gut gefühlt. Ich bin sonst oft, obwohl ich lang genug geschlafen habe, am Vormittag doch gleich wieder müde, habe mich aber heute sehr munter gefühlt und auch rasch diverse angefallene Dinge wie Putzen und Wegräumen erledigt.

28.2.:
Ich habe geträumt, daß jemand eine ganz ähnliche Kette hat wie ich. Ich habe diese Kette selbst gemacht aus verschiedenen Kugeln und Perlen, nur waren diese Kugeln alle eine Spur kleiner. Ich habe mich zuerst geärgert, daß jemand mir das nachgemacht hat, aber als ich sah, daß es kleiner war, war es mir egal, da mir meine Kette viel besser gefiel.

Zuerst war ich neidisch, daß andere auch das haben, was ich habe (Perlenkette). Doch dann konnte ich zu meiner eigenen, die ich selbst hergestellt habe, stehen. — *Bejahung der eigenen Schönheit als Frau. (Es gibt Hinweise darauf, daß eine mögliche etymologische Wurzel des Wortes »Berberis« »Perlmuschel« heißt [37])*
Auch eine andere Probandin (3) träumte einen »Perlentraum«:

War mit Freunden an einem Sandstrand ..., plötzlich haben lauter Leute in Neoprenanzügen in einer Reihe gestanden. Nebendran ein kleiner kräftiger Typ in Shorts, der sie kommandiert hat. Sie haben sich ständig gebückt und mit den Händen den Sand durchkämmt. Auf einmal wußte ich, die suchen Perlen, und habe mich zum Spaß gebückt und eine Handvoll genommen. Es waren ein paar unregelmäßige Perlen darin. Damit bin ich zu dem Kommandeur und habe sie ihm gezeigt. Er war ganz aufgeregt, weil ich einfach so welche finde, und er mit seiner Organisation nicht.

Auch dieser Traum könnte auf eine Konkurrenzsituation hinweisen (Träumerin findet die Perlen schneller als die anderen).
Kehren wir zurück zu Prüferin 5:
8.3.1993:
Ich habe geträumt, daß ich einen Ausflug mache; ich war zusammen mit zwei Freunden, vielleicht war auch eine Freundin mit ... Wir sind dann stehengeblieben und ins Freie gegangen. Es war halb Wald und

halb Weingarten. Auf der Karte waren drei schwarze Punkte gezeichnet, und das bedeutete etwas wie ›Höhle‹. Wir waren in diesem Weingarten vor einer Höhle und sind aber, weil wir uns fürchteten, nicht hineingegangen. Dann sind aber zwei oder drei Männer gekommen, und, um uns zu verstecken, gingen wir doch in den Höhleneingang. In der Mitte der Höhle war irgend etwas. Man mußte einen Bogen hintenherumgehen. Im Hintergrund war eine Art Futterkrippe. Die Männer draußen waren gefährlich für uns. Ich wollte fliehen, und es gelang mir auch, aus der Höhle zu kommen, aber ich wurde von einem der Männer am Zaun festgehalten. Es war mein Vater. Er sah ganz anders aus. Klein wie ein Bauer, viel älter, war ihm körperlich überhaupt nicht ähnlich. Aber es war im Traum mein Vater. Ich hatte eine Art Axt in der Hand, von der aber immer die Schneide herunterfiel. Ich mußte sie immer wieder draufstecken. Er hatte ein Messer. Irgendwie gelang es mir, das Messer zu bekommen, und er wollte mich dann auch gehen lassen, und trotzdem passierte es, daß ich ihn mit dem Messer in den Arm schnitt. Eine glatte lange Schnittwunde. Da war auch plötzlich meine Mutter. Auch wie eine Bäuerin, alt und klein.

Auf der Flucht vor dem Männlichen geht sie tief in ihre eigene zunächst vielleicht dunkle, bedrohliche Weiblichkeit hinein, wo sie in der Tiefe eine Futterkrippe, einen nährenden Aspekt, findet. Das innere oder äußere Väterlich-Männliche ist bedrohlich, und sie setzt sich erfolgreich zur Wehr. – Begegnung mit der eigenen Dunkelheit, die eine Futterkrippe (=Urnahrung) beherbergt?

Es bleibt zu bemerken, daß Probandin 5 während der Prüfungszeit keinen Traum hatte, in dem ihr Zähne ausfielen und auch keinen Traum, in dem sie sich – wie oft zuvor – als bleischwer und gelähmt erlebte.

Der Berberis-Traum der Prüferin 12 zeigt eine Entwicklung vom kranken Frausein zur Meisterin des Bauchtanzes:

Primarius M. (Facharzt für Haut- und Geschlechtskrankheiten, mein ehemaliger Chef, jüdischer Abstammung; seine Abteilung war im obersten Stockwerk des Krankenhauses, unter dem Dach sozusagen) unterweist mich in der Kunst des Bauchtanzes. Ich probiere es und denke, es geht ganz gut. Vor dem Spiegel sehe ich aber, daß ich es noch nicht so gut kann. Ich bin auf dem Dachgarten unseres Hauses, d.h.

ein Teil gehört mir. Er ist etwas erhöht gegenüber der Umgebung, die Mäuerchen sind weiß getüncht, wie im Süden. Durch die schrägen Glasfenster des Daches ist der Dachboden ganz hell. Viele Pflanzen stehen herum. Es ist wunderschön, und ich denke ›warum bin ich da nicht öfter?‹ und nehme mir vor, öfter heraufzukommen, z. B. zum Lesen. Eine Frau unterrichtet mich weiter im Bauchtanz und schickt mich zu einer Meisterin. Diese sitzt auf dem Dach. Eine gemauerte Dachrinne, ganz glatt und weiß, führt absolut vertikal hinauf zu ihr. Ich kann mich nirgends einhaken und komme dennoch spielend leicht hinauf. Sie hat ein Kopftuch um und sieht aus wie eine südländische Frau (Araberin?).

Bauchtanzen im ursprünglichen Sinn als Geburtsvorbereitung hat mit Gebären und Muttersein zu tun, wird aber auch mit lustvoller Weiblichkeit assoziiert. Nachdem ich mich zunächst von einem Mann in einem Bereich unterrichten ließ, der ein ur-weiblicher ist, finde ich zur weiblichen Meisterin (in mir), nehme meine Weiblichkeit und deren Entfaltung selbst in die Hand. Das Dachgeschoß ist nicht mehr der oberste Stock des Krankenhauses sondern meines eigenen Hauses, über das ich frei verfügen kann, was ich bisher nicht genügend wahrgenommen habe. Es ist hier wunderschön, und was hier wächst und gedeiht, will gesehen und gepflegt werden.

BERBERIS-TRÄUME UNTER PLACEBO

Zu unserer Verblüffung fanden wir auch im Protokoll der Prüferin, die Placebo erhalten hatte (14), deutliche Hinweise auf Berberis. Und zwar hauptsächlich im physischen Bereich. Sie beschreibt immer wieder auffallend häufiges Wasserlassen, Schmerzen in der Nierenregion, Kopfschmerzen mit Druckgefühl im Kopf. Auch in ihren Träumen gibt es Hinweise auf die Prüfarznei, zum Beispiel:

> Mein Freund hat aus mir unerfindlichen Gründen den sehr groß gewachsenen Nestfarn (steht in unserem Schlafzimmer) gestutzt. Die Blätter, die übriggeblieben sind, hängen ganz traurig und saftlos herunter. Ich ärgere mich sehr, daß er mir von seiner Aktion nicht erzählt hat, und ich so selbst den Schaden entdecken mußte.

Männliche Mißachtung, Zerstörung und Verstümmelung dessen, was im Schlafzimmer (im sexuellen Bereich?) wächst und blüht und was ein Spiegel für Nest = Geborgenheit, Mütterlichkeit (die sexuelle Entfaltung der Frau) sein könnte? (Siehe zum Vergleich auch den Traum der Probandin 2 vom 19.3., das Ausreißen der Buchsbaumäste durch den Ehemann.)

2. Traum:

Es war so, als ob ich tatsächlich erlebt hätte, ein Kind zur Welt zu bringen. Zuerst war nur meine Mutter bei mir, mein Freund kam erst später. Ich kann mich an ihn eigentlich nicht deutlich erinnern. Er war immer irgendwie im Hintergrund – ein Zuseher. Ich war, glaube ich, ganz alleine im Zimmer, oder war er doch da, als nach einer starken Preßwehe der Kopf des Kindes sehr gut zu fühlen und auch zu sehen war. Ich bin dann noch aufgestanden und herumgegangen und habe dem Baby schließlich selbst auf die Welt geholfen. Alles ging ganz sauber, schmerz- und problemlos.

Subjektstufe[2]: Etwas Neues wird ganz allein geboren. Objektstufe: Mutterwerden gelingt sauber, schmerz- und problemlos.

Die Frau schafft aus eigener Kraft, das Kind zu gebären, ihre Weiblichkeit zu entfalten, der Mann spielt keine Rolle mehr (vgl. Bauchtanztraum).

Die Berberis-Symptome der Placeboprüferin legen einerseits den Verdacht nahe, daß durch örtliche Nähe der Placebofläschchen zu den Berberisfläschchen (beim Versand? bei der Lagerung vor der Verteilung an die einzelnen ProbandInnen?) eine Informationsübertragung stattgefunden haben kann.

Anderseits könnte es auch sein, daß im »Feld« einer Arzneimittelprüfung *jeder* erfaßt wird, der zur PrüferInnengruppe gehört, — unabhängig von der tatsächlichen Einnahme der Arznei. Homöopathische Grundlagenforschung jüngeren Datums [29] und die Einsichten R. Sheldrakes (»morphogenetische Felder«) [103] weisen ebenfalls in diese Richtung und stellen grundsätzlich die Relevanz jeglicher doppelblind und placebokontrolliert geführter Studien in Zweifel. Es ist in Gruppen-Arzneimittelprüfungen immer wieder beobachtet

---

[2.] Die Begriffe »Subjekt- und Objektstufe« und deren Differenzierung in Träumen werden genau in dem bereits empfohlenen Buch von Whitmont/Perera [117] erläutert.

worden, daß auch Personen, die die Prüfarznei nicht einnahmen, Arzneisymptome an sich feststellen konnten. Die mündliche Mitteilung eines homöopathisch tätigen praktischen Arztes aus Österreich, der sich vor Jahren an einer Arzneimittelprüfung beteiligte, sei hier kurz dargestellt: Besagter Proband entwickelte unter seiner »blind« eingenommenen Arznei, die – wie sich erst später herausstellte – Placebo war, ein schuppendes Ekzem am Handrücken, welches er zuvor noch nie an sich beobachtet hatte. Dieses Hautsymptom verschwand auch prompt nach Absetzen der Placebo-Arznei. Trotz der Enttäuschung und Verunsicherung, die dieser Prüfer nach Bekanntgabe der Qualität seiner Prüfarznei wohl erlebt haben mag, wagte er es, dieselbe Arznei (seine Prüfarznei = Placebo!) seiner nach kurzer Zeit an ähnlichen ekzemartigen Hauterscheinungen leidenden Gattin zu verabreichen — was bei dieser zu einem prompten Verschwinden der Symptome führte. Eine Verwechslung von Verum- und Placebofläschchen konnte vom Hersteller jener Prüfarznei mit Sicherheit ausgeschlossen werden.

Wollte man aus diesen Beobachtungen für die Lagerung und für den Umgang mit homöopathischen Arzneien Konsequenzen zu ziehen, hätte das eine große Tragweite. Auch die Ergebnisse vieler bisher durchgeführter Arzneimittelprüfungen, die mit Placebovergleich durchgeführt wurden, müßten nach diesen Einsichten neu überdacht werden. Und wir, die Verfasser dieser Arbeit über Berberis, denken mit Schaudern daran, daß sich doch das eine oder andere Formica-rufa-Symptom in unsere Prüfungsresultate eingeschlichen haben könnte ...

BERBERIS SELBST AUF DER TRAUMBÜHNE?

An dieser Stelle wollen wir der Frage nachgehen, wie weit sich die Arznei selbst, unmittelbar, in einem Prüfungstraum darzustellen vermag, – als Abbild, durch ein der Symbolhaftigkeit entzogenes, unabhängig von der »Sprache« der Arznei existentes In-Erscheinung-Treten, vergleichbar etwa einem Regisseur, der in seinem Film selbst eine Nebenrolle übernimmt. Hierfür gibt es einige Hinweise aus der Praxis der Homöopathie (z.B. Lachesis, Cenchris, aber auch Serum anguillae [93] in der Rubrik »Schlangenträume«) und auch aus mündlich mitgeteilten Erfahrungen anderer Kollegen, die Traumarzneimittelprüfungen leiteten.

Wo könnte in den von unseren ProbandInnen aufgezeichneten Traumprotokollen Berberis »durchkommen«? – Der Vergleich der Frucht der Berberitze mit einer Perle wurde bereits erwähnt. Auffallend an unseren Berberis-Träumen ist das häufige Vorkommen von holzigen (und vegetabilen) Strukturen, wie auch die Farben Braun und Grün oft genannt werden. Prüfer 11 hatte einen Traum, in dem er sich an einen Berghang hinauf an den Stämmen von Sträuchern festklammert. Berberitzenstauden wachsen gerne auf solchen Hanglagen, sind in der Realität aber nicht so massiv, wie sie unser Prüfer im Traum erlebte. Weiterhin kommen auch die Farben Rot und Gelb in den Berberis-Träumen häufig vor, und zwar ein »glänzendes Rot« (5) oder als orangerot beschriebene Farbtöne – und diese meist in sehr kleinen Strukturen, wie z.B. die Lippen der von (8) beschriebenen Schlangen, die die typische Frucht des Berberis-Strauches assoziieren lassen. Wir nehmen an, daß es sich hier tatsächlich um ein Inprintphänomen der Arznei im Traum handelt.

DAS FRAUENBILD BEI BERBERIS

Wenn auch die Berberis-Träume, besonders die der Männer, die an der Arzneimittelprüfung teilgenommen haben, noch nicht erschöpfend behandelt worden sind, so mag die vorliegende Auswahl doch genügen, um unseren Prüfungsansatz und die sich daraus ergebenden Fragen und Antworten zur Diskussion zu stellen.

Der weibliche Unterleib, die weibliche Sexualität und Reproduktionsfähigkeit, die Selbstentfaltung der Frau im Spannungsfeld zwischen männlicher Macht und mütterlichem Vorbild, das sind Motive, die in den von uns beobachteten Träumen anklingen. Der eigene Unterleib wird als befremdlich und ekelhaft erlebt, insbesondere der Nabel, der mit der Mutter verbindet, er ist behaart, animalisch. Vielleicht wird Sexualität abgelehnt und als animalisch und ekelhaft empfunden. Die Mutter erscheint als Hure, als eine Frau also, die ihren Körper verkauft und ihre Sexualität von sich abtrennt. Das, was die Mutter zu geben hat, wird abgelehnt, aber die Tochter findet nicht das, was ihr guttut. Die Süßigkeiten, die sie locken, sind zugleich ekelhaft, und ihr Genuß wird mit Bewußtlosigkeit bezahlt

Frau *und* Mutter-Sein werden als Konflikt erlebt. Mutter-Sein und gleichzeitig sexuelles Wesen sein erscheinen unvereinbar. Eine Mutter, die ihre Sexualität lebt, ist schmutzig. Frau-Sein muß in dieser Situation verleugnet werden. Vielleicht als Kompensation davon wird die gesellschaftliche Stellung als besonders wichtig erlebt. Sexualität wird möglicherweise als »schmutzig«« erlebt, und die sexuellen Wünsche des Partners als unangenehm.[3]

Die Destruktivität der Männer ist ein weiteres Motiv, das in den Träumen auftaucht. Männer, die die Pflanzen ihrer Frauen ausreißen oder stutzen, könnten eine Bedrohung der weiblichen Selbstentfaltung durch männliche Gewalt aufzeigen. Noch stärker tritt das Gewaltmotiv in den Männern zutage, die die Frau in ihrem Haus einsperren oder sie zwingen, in einer Höhle Zuflucht zu nehmen, im Vater, der seine Tochter mit einem Messer bedroht. Hier ist ein möglicher Bezug zu sexuellem Mißbrauch.

Wenn die Frau sich auf ihre Fähigkeiten besinnt und sich ihres Körpers bewußt wird, kann sie produktiv sein: Sie gebiert ihr Kind ohne die Hilfe des Freundes, sie lernt den Bauchtanz nicht vom männlichen Gynäkologen, sondern von der weiblichen Meisterin, sie entdeckt, daß sie im Besitz von Räumen ist, die bisher ungenutzt blieben (der Dachgarten), die Bougainvillea der Freundin blüht prächtig (und wird nicht von einem Mann gestutzt), Konkurrenzgefühle werden positiv gelöst: die eigene Perlenkette ist die schönste, die Träumerin findet mühelos Perlen, die die anderen mit Anstrengung suchen müssen.

Wir stellen die Hypothese auf, daß das Thema der Entfremdung von der eigenen Sexualität, die sich im Konflikt zwischen Frausein und Mutterschaft ausdrücken kann und die Unterdrückung durch männliche Gewalt zur psy-

---

[3] Wir erinnern an die häufige »Funktion« verschiedener Zuchtformen der Berberitze, als »lebende Hecke« unserer Gartenanlagen und Beete zu dienen, aber auch an die Gepflogenheit, die Berberitze »ausrotten« zu wollen, was zwar durch die Weiterverbreitung eines Pflanzenschädlings (des Getreiderosts) eine Erklärung findet, jedoch auch unter dem Aspekt des »Schmutzigen«, Ausgegrenzten betrachtet werden darf! Susanne Fischer [33] schreibt hierzu: »Die Berberitze ist in Verruf geraten ... Als Heckenpflanze kann man sie jedoch bedenkenlos anpflanzen ... «

chischen Essenz von Berberis gehört. Im positiven Sinne: Bewußtwerdung des eigenen Körpers, Mobilisierung der weiblichen Kräfte und Fähigkeiten, Emanzipation von männlicher Unterdrückung.

Tatsächlich zeigt sich im Repertorium, daß Berberis eine Affinität zu den weiblichen Genitalien hat:

Weibliche Genitalien — Empfindungslosigkeit der Vagina (2-wertig)
— Empfindungslosigkeit der Vagina — Koitus, beim (2)
— Koitus — Abneigung gegen (1)
— Koitus — Abneigung gegen — Menses, nach den (1)
— Koitus — Genuß — fehlend (2)
— Koitus — schmerzhaft (2)
— Orgasmus — verzögert (2-wertig/ nur 2 Arzneien)
— Schmerz — Vagina — Koitus, beim (2)
— Sexuelles Verlangen — vermindert (1)
— Sexuelles Verlangen — unterdrückt (1/5)
— Vaginismus (2)
— Vaginismus — Koitus — schmerzhaft (2)

Gemüt
— Tod — wünscht sich den — Menses, während (1/1!)
— Reizbarkeit — Menses, vor den (1)

Vielleicht begegnen uns Berberis-Patientinnen als Frauen, die Schwierigkeiten haben, sich selbst in ihrem Frausein zu akzeptieren und ihre Sexualität zu leben. Dieser Konflikt kann sich in einer Entfremdung von den geschlechtsspezifischen Körperfunktionen äußern, die als ekelerregend empfunden werden können. So kann die Menstruationsblutung von der Frau als ›schmutzig‹ und ›widerwärtig‹ empfunden werden. Schon aus der Volksheilkunde ist die Indikation von Berberis bei Schwangerschaftserbrechen bekannt, wozu auch v. von Berberis bekannte Magensymptome passen. Eine Berberis-Patientin könnte in der Anamnese auch darüber klagen, daß sie sich durch ihr Muttersein, seit einer Schwangerschaft nicht mehr als vollwertige Frau (als sexuelles Wesen) fühlt und sich deshalb selbst mißachtet oder mißachtet/mißbraucht, erniedrigt, gedemütigt, abgewertet fühlt. Aus unseren bisherigen Erfahrungen mit Berberis-Patientinnen schließen wir, daß ein solcher Konflikt durch erhöhten sozialen Ehrgeiz kompensiert werden kann.

Es scheint der Überlegung wert, bei Myompatientinnen, bei *rezidivierenden Harnwegsinfekten, Steinbildungstendenzen, Ischialgien, Lumbalgien*[4], chronischen *Dermatosen (Akne*[5], *Psoriasis!* nach dem Berberis-Thema zu fahnden — also bei jenen körperlichen Symptombildern, die von Berberis bisher bekannt sind.

Bei der Durchsicht anthroposophisch orientierter Literatur finden wir bei Husemann/Wolff [47] unter der Überschrift »*Sterilitas matrimonii*« ein Rezept, das (unter anderem) die Berberitzenfrucht beinhaltet.

Zur Uterus-Beziehung von Berberis noch eine botanisch-chemische Anmerkung: *Caulophyllum* als traditionelle Uterus- und Partus-Arznei der Homöopathie gehört in dieselbe Pflanzenfamilie der Berberidaceae wie Berberis vulgaris und aquifolium. *Hydrastis canadensis* mit ähnlicher Organotropie ist zwar eine Ranunculaceae, von seinen Inhaltsstoffen her aber Berberis sehr nahe. Letztere Ähnlichkeit findet sich auch in der Beschreibung beider Arzneipflanzen durch Rudolf Steiner [47]. Und: Wie kommt es, daß die Berberitze an ihrer Blattunterseite gerade von Pilzen aus der Familie der Ustilaginaceae befallen wird (Uterusbeziehung der homöopathischen Arznei *Ustilago!*)? Mit dieser vertikalen Verbindung[6] zu Ustilago eröffnet sich die Nähe zu *Secale cornutum*[7], das das Thema des Beschmutztwerdens des mütterlichen Anteils ebenso wie Berberis trägt, und somit zu den »Pilzmitteln« überhaupt.

[4.] »Kreuzschmerzen« werden von manchen Psychosomatikern gern als »Mutterkonflikt« gedeutet. Vergessen wir nicht, daß auch die sogenannten »Mutterbänder« mit der seitlichen und hinteren Beckenwand in anatomisch-funktioneller Beziehung stehen.

[5.] Eine in der Rubrik »Akne« besonders wichtige Arznei ist *Kalium bromatum*. Auch für dieses Mittel ist das Thema (sexueller) Schuld vielfach beschrieben worden (Wahnidee, ein Verbrechen begangen zu haben; ...). Neben Berberis (aquifolium) wären hier noch unter demselben Aspekt Psorinum, Medorrhinum und Syphilinum sowie die in dieser Rubrik vertretenen Schlangengifte (Lachesis und Crotalus) zu nennen.

[6.] In Übereinstimmung mit Massimo Mangialavori, Modena, nennen wir Arzneiverbindungen bzw. -ähnlichkeiten *vertikal*, wenn sie Arzneien beschreiben, die einander zwar ähnlich (~kollateral), aber nicht vom System her verwandt sind, wie z.B. Helleborus (als Pflanze) und Aurum (als Metall). *Horizontale* Arzneiverwandtschaften hingegen erkennen wir dort, wo die Ähnlichkeit verschiedener homöopathischer Arzneien in der systematischen Zugehörigkeit begründet ist, wie z.B. Naja und Elaps (als »Schlangenmittel«).

Hierzu noch die kurze Geschichte einer Myompatientin, die mir (P. K.) vor Jahren von einer homöopathischen Kollegin mitgeteilt worden ist und mich sehr beeindruckt hat: Besagte Patientin (unbekannten Alters) sollte wegen multipler Uterusmyome einem operativen Eingriff unterzogen werden und wollte sich in der relativ kurzen Wartefrist noch »alternativ« behandeln lassen. Die Kollegin verschrieb damals — vielleicht auch, weil sie kein passendes Einzelmittel fand — ein in der anthroposophischen Medizin gebräuchliches Mischpräparat (Berberis D2, Urtica urens, Herba D3 — Indikation: Endometritis). Die Patientin erschien am vereinbarten Tag im Krankenhaus. Bei der präoperativen Untersuchung durch den Gynäkologen geschah folgendes: Zur Überraschung aller »gebar« sie spontan ein großes klumpig-membranöses Etwas – ihre Myome, woraufhin keine Operation mehr vonnöten war.

BERBERIS BEIM MANN?

Volksnamen: Bubenlaub ...

Wie könnte nun das Berberis-Thema beim Mann aussehen?

Einige Homöopathen pflegen sich die Freiheit zu nehmen, weibliche Klischeebilder ins Männliche zu spiegeln: Wenn die »Sepia-Frau« eher viril aussieht und handelt, so gibt es die Anschauung, der »Sepia-Mann« müßte

---

[7] Secale, »Mutterkorn«, ist eine Pilzart, die als Parasit besonders die Fruchtknoten von Getreide (Brot, Kuchen: mütterlich Nährendes!) befällt und diese zerstört. Daß Mutterkorn in der Volksheilkunde als bewährtes Abortivum verwendet wurde, ist hinlänglich bekannt. Der Demeter-Mythos der griechischen Mythologie kann gut mit der Grundidee von Secale in Verbindung gebracht werden [Appell, R.: Kornmutter und Mutterkorn. In: Documenta Homoeopathica Bd. 14, Maudrich, Wien, 1994]. Vor diesem Hintergrund liegt es auch nahe, die konventionelle Verwendung von Secale-Präparaten (Bromocriptin) zu Abstillzwecken als »gegen das Mütterliche gerichtete« Handlung zu verstehen. Homöopathisch gesehen kann das, was dem Fetus an mütterlich Nährendem infolge einer Insuffizienz der Placenta (»Mutter-Kuchen«!) fehlt, gemäß der Simileregel in einen Heilungsimpuls umgewandelt werden [Astleitner, G.: Secale als Therapie bei Placentainsuffizienz. In: Documenta Homoeopathica Bd. 7, Haug, Heidelberg, 1986].

weiblich aussehen und handeln. Auf Berberis übertragen könnte das heißen: Entfremdung vom männlichen Körper, der männlichen Sexualität, Konflikt zwischen Mann-Sein und Vater-Sein. Ein Prüfer (13) hatte folgenden Traum, der die obige These der gegengeschlechtlichen Spiegelung sehr fragwürdig erscheinen läßt:

> Ich weiß, ich will mit dieser Frau schlafen: einer kleineren, dunkelhaarigen, offensichtlich ausländischen (rumänischen?) Frau, die irgendwelche niederen Dienste tut. Ich gehe ihr nach, vielleicht ist dies das Haus, in dem sie ihr Zimmer hat, und sage ihr, daß ich mit ihr schlafen will. Zuerst wehrt sie ab, doch dann sagt sie, es sei ihr egal. Ich dringe in sie ein, es ist angenehm, aber nicht besonders aufregend, denn ich bin irgendwie distanziert ...

Auch hier geht es um Mißachtung und Mißbrauch der Frau, die niedere Dienste (Küchendienste) tut. Wie eine ›Hure‹ läßt sie sich von dem Mann benutzen: es ist ihr ›egal‹., sie leiht ihm ihren Körper und bleibt gefühlsmäßig unbeteiligt Diese Empfindungslosigkeit überträgt sich auf das Traum-Ich, das ›irgendwie distanziert‹ ist. Vom Träumer aus gesehen könnte es sich natürlich um die Vereinigung mit einem verachteten, ausgegrenzten Anteil seiner selbst handeln, um die Integration verleugneter Persönlichkeitsanteile.

Aus einer klinischen Erfahrung bei der Behandlung eines Mannes, der für Kopf- und Nierenschmerzen sowie Hautprobleme Berberis organotrop in der D3 erhalten hatte und daraufhin eine auch im Traumbereich sich dokumentierende psychische Wandlung vollzog, schließen wir, daß Berberis zu Männern paßt, die ihre weiblichen Anteile (Gefühle, Verletzlichkeit, Hingabefähigkeit, Empfänglichkeit, Kreativität, Intuition) verdrängen bzw. mißachten [69].

Wie könnte das Verhältnis eines »Berberis-Mannes« zu seiner Sexualität aussehen? — Wenn er die Frau mißachtet, erniedrigt und mißbraucht, seine eigene weibliche Seite solcherart behandelt, dann mag es wohl sein, daß sein Becken ihn schmerzhaft (und vielleicht schuldhaft) an das Mißachtete erinnert.

Bei Durchsicht des Repertoriums werden wir auch in den männlichen Sexualrubriken, in denen Berberis vertreten ist, fündig:

Männliche Genitalien — Ejakulation — schmerzhaft (1)
    — Erektion — schmerzhaft (1)

— Gefühllosigkeit — Penis — Eichel und Vorhaut (1)
— Kälte (1)
— Kälte — Hoden (1)
— Kälte — Penis (1)
— Kälte — Skrotum (2)
— Koitus — Genuß — abwesend (1)
— Koitus — Genuß — vermindert (1)
— sexuelles Verlangen — fehlend — Kälte des Skrotums, mit (1/5)
— sexuelles Verlangen — unterdrückt — Beschwerden durch (1)
— Verhärtung — Penis — alten Mann, bei einem (2/1!)

NEU IM REPERTORIUM — MIT BLEISTIFT!

Aufgrund unserer Hypothese schlagen wir vor, Berberis vorläufig — bis zur klinischen Verifikation — unter den folgenden Rubriken zu notieren bzw. neue Rubriken anzulegen (der Zusatz N bedeutet, daß die genannte Rubrik im Repertorium nicht existiert):

Abscheu — sich selbst, vor — eine Frau zu sein (N)

Beschwerden durch — sexuell — sexuellen Mißbrauch (N)

Ehrgeiz — Sexualität — durch unterdrückte Sexualität (N)

Entfremdet — sich selbst (N)

Wahnideen — Hure — sie (oder die Mutter) sei eine Hure (N)
— schmutzig — der sexuelle Bereich sei schmutzig (N)
— sexuellem Mißbrauch, von (N)
— verletzter Weiblichkeit, von (N)

Weibliche Genitalien — Entbindung — nach; Beschwerden
— Schwangerschaft — während der; Beschwerden
— nach der; Beschwerden

— Tumore — Uterus — Fibrom

Darüber hinaus schlagen wir noch folgende Rubrikennachträge vor:

Allgemeines — Hitze — Lebenswärme, Mangel an
Träume   — Menschenmengen
            — Schlangen

Im Wissen um den spekulativen Anteil dieser Formulierungen, die sich hauptsächlich auf die Frau beziehen, sehen wir uns zum gegenwärtigen Zeitpunkt außerstande festzulegen, welche dieser Rubriken auch für den Mann Gültigkeit besitzen bzw. passende männliche Rubriken zu entwerfen. Für weitere Anregungen sind wir dankbar.

Durch die Rubriken »Ehrgeiz«, »Träume von Schlangen« und »Fibrom des Uterus« rückt mit *Lachesis* eine »Schlangen-Arznei« in differentialdiagnostische Nähe zu Berberis. In den Arzneimittelbildern der Schlangengifte ist der sexuelle Mißbrauch oft ein Thema (man denke z. B. an die Vergewaltigungsträume von Cenchris contortrix).

ERSTE ERFAHRUNGEN UND BESTÄTIGUNGEN AUS DER PRAXIS

Eine Theorie mag noch so faszinierend sein, – sie gewinnt ihren wahren Wert erst dadurch, daß sie sich in der Praxis bestätigt, d. h. aus homöopathischer Sicht, daß die Umsetzung der (Traum-)Ergebnisse einer Arzneimittelprüfung in die erfolgreiche Arzneifindung letztlich zur Heilung führt.

Anläßlich der Präsentation von Berberis im Kreis von Homöopathen aus aller Welt im Mai 1994 in Großbritannien wies mich (P. K.) Jean-Pierre Jansen aus Holland in dankenswerter Weise auf einen Bericht aus den USA hin, der die Darstellung zweier Berberis-Kasuistiken zum Thema des sexuellen Mißbrauchs beinhaltet. Wir überlassen es dem interessierten Leser, diesem Literaturhinweis [67] nachzugehen. Andrew Lange, Colorado, beschreibt darin die erfolgreiche Behandlung einer psychotischen Patientin (»Four Personalities«) sowie die einer depressiven 38jährigen Patientin mit Noduli hämorrhoidales mit Berberis, welches in beiden Fällen lediglich aufgrund peripherer Symptome verordnet worden war.

Übrigens schreibt J.T.Kent in seiner Materia medica [55] zu Berberis:

... Die mentalen Symptome sind sehr lückenhaft, d. h., wir kennen sie nicht. Es gibt nur wenige ... Berberis paßt besonders zu einer Frau, die müde ist, mit gichtischer Konstitution; obwohl nicht alt an Jahren, ist sie körperlich müde, so daß all ihre Haushaltsaufgaben sie aufreiben und erschöpfen. Der Geschlechtsverkehr wird schmerzhaft, und sie verspürt Abneigung dagegen. Der Orgasmus ist verzögert oder fehlt völlig, und er entkräftet sie. In all ihren innersten Angelegenheiten fühlt sie sich wie ein Sklave ...

Und: In ihrem Buch »Classical Homeopathy« schreibt Margery Blackie [16]:

... Es ist schwierig, ein mentales Bild des Patienten zu zeichnen. Sie wechseln und verändern sich und können alles sein.

Nur wenige Sätze danach beschreibt sie »Wundheit der Vagina« und das differenzierte Bild der Berberis-Beschwerden aus dem Bereich des Harntraktes. Vielleicht haben sie, der große nordamerikanische Praktiker der Jahrhundertwende und die große Dame der englischen Homöopathie, bereits geahnt, was wir mühsam mittels der Träume unserer ProbandInnen erarbeitet haben?

Im folgenden stellen wir ausführlich die noch nicht abgeschlossenen Krankengeschichte einer Hochdruckpatientin, »Katharina«, vor.

Katharina und der Knecht des Vaters

Im Juni 1994 suchte mich (P. K.) Frau Katharina S., 38 Jahre alt, wegen ihres erhöhten Blutdrucks erstmals auf. Es wurden Werte wie 170/130 gemessen — an dem Tag, an dem sie erstmals zu mir kam, sogar 165/145. Vier Jahre zuvor war die Hypertonie anläßlich einer Versicherungsuntersuchung entdeckt worden. Nur für ca. ein Jahr hatte im dritten medikamentösen Versuch ein ACE-Hemmer den erhöhten Blutdruck auf akzeptable Werte reduziert — dann Blutdruckanstieg trotz Einnahme der Medikamente, woraufhin sie sich vor ca einem halben Jahr dazu entschlossen hatte, gar nichts mehr einzunehmen.

Katharina S. ist eine erfolgreiche, selbstbewußte Frau, die in ihrem Beruf als mobile Krankenschwester sehr gefragt und erfolgreich ist, ein eigenes Team auf die Beine gestellt hat, diesem jetzt vorsteht, und rund um die Uhr arbeiten würde, wenn es ihre Kräfte zuließen. Sie fühlt sich ständig überlastet.

Sie ist eine eher groß gewachsene, sportliche Frau, mit hellen Haaren und blauen Augen, auffallend großen Ohren, trägt einem frechen Kurzhaarschnitt, lacht viel — gleich bei der Begrüßung. Nie hätte ich (P.K.) vor meinen Prüfungserfahrungen an Berberis gedacht bei einer Frau mit solchem Tonus und einer solch ehrgeizigen Ausstrahlung — eher vielleicht an eine Arznei aus der Gruppe der Metalle.

Sie komme aus einer großen katholischen Familie vom Land, mit viel Geschwistern, ihre Eltern betreiben eine kleine Landwirtschaft.

Eine Niere — die rechte — sei »stark angegriffen«; sie habe dort eine Doppelniere, die geschrumpft sei. Vor sieben Jahren habe sie des öfteren Nierenbeckenentzündungen (rechts) gehabt, mit hohem Fieber. Diese seien jedesmal antibiotisch behandelt worden.

In ihrer Familie sei der erhöhte Blutdruck überhaupt ein Problem: Sowohl Vater wie auch Mutter leiden an Hypertonie, alle Großeltern seien an kardialen Problemen verstorben.

Wenn der Blutdruck sehr stark erhöht sei, spüre sie nur ein Hitzegefühl im Kopf, die Haut fühle sich dann auch heiß an.

Kurze Zyklen, ca. 26 Tage.

Immer wieder Gelenksbeschwerden: von Gelenk zu Gelenk wandernde Schmerzen und Schwellungen, — begonnen habe es vor Jahren an den Fingergelenken. Wärme, Sand und Meer täten ihr dabei gut. — Seit 10 Jahren sei auch ein Karpaltunnelsyndrom bekannt, das sie jede Nacht mit Schmerzen und »eingeschlafenen« Händen erwachen lasse.

Ihre chronischen Kopfschmerzen hätten sich durch eine Akupunkturbehandlung deutlich gebessert, träten aber immerhin noch viermal pro Jahr sehr stark in Erscheinung. Es sei ein links-halbseitiger Kopfschmerz, eine »Migräne«, mit Erbrechen, Unverträglichkeit von Lärm und Licht und unscharfem Sehen.

Bei diesen Kopfschmerzen erlebe sie fast ein Spaltungsgefühl, ein »Halbseitengefühl«: zwei verschiedene Körperhälften, links »kurz« und »schwer«, rechts »weit und offen, leicht«, links »verkümmert«, rechts »tüchtig, kompetent«. Auch durch gewisse Entspannungstechniken sei es ihr möglich, dieses Gefühl wachwerden zu lassen. Diese Spaltung mache ihr —

besonders in der aktuellen Situation — große Angst, trete aber auch unabhängig von den Kopfschmerzphasen auf.[8]

Außer einem starken Verlangen nach Butter und Butterbrot ist zum Thema »Speisen und Getränke« nichts Auffallendes zu berichten.

Wärme-Kälte-Modalitäten: Es sei ihr selten wirklich kalt; die Hände können ziemlich schnell zwischen warm und kalt wechseln; Abneigung, sich in die direkte Sonne zu legen.

Sexualität: derzeit nicht gelebt, »fehlt«. Zärtlichkeit sei wichtiger als Sexualität.

Prämenstruell »depressiv«, auch Gewichtszunahme und Wasserretention (»aufgeschwemmt«) — das Einsetzen der Monatsblutung bringe deutliche Erleichterung.

Zu ihrer Person befragt:

Sie lehne tägliche Medikamenteneinnahme deshalb ab, weil sie selbständig und autonom bleiben wolle. Sie gehe davon aus, daß es möglich sein müsse, ihre Probleme (auch den erhöhten Blutdruck) selbst in den Griff zu bekommen. Sich nicht alleine helfen zu können, sei besonders schlimm für sie.

Sie sei eine »Wegsteckerin«, die zuviel arbeite, sich selbst zuviel Druck mache, diesen Druck vielleicht auch brauche. Alles »hänge« an ihr, sie sei für alles zuständig, fühle sich unentbehrlich.

Familiengeschichte:

Katharina war das älteste von insgesamt fünf Kindern. Mit sechs Jahren mußte sie den Tod einer ihrer neugeborenen Schwestern (vermutlich durch Fruchtwasseraspiration) miterleben. Schon als Kind mußte sie, wie die Geschwister auch, im elterlichen Betrieb mitarbeiten, wurde viel »eingespannt« von den Eltern, für die es »nur die Arbeit« gab (und auch heute noch gibt). Der Vater habe seinen Besitz innerhalb von 30 Jahren verdoppelt (weil er »es seinem Schwiegervater beweisen mußte«). Nur Leistung wurde von den Eltern anerkannt, sonst habe es nichts gegeben, das zählte. Als Kind schon habe sich Katharina oft überfordert gefühlt, war Mutterersatz für die jüngeren Geschwister, damals schon für zu vieles verantwortlich. Wärme habe es wohl nicht viel gegeben, an Gefühle könne sie sich überhaupt nicht erinnern — dies

---

[8] Wir erinnern an die bereits erwähnte, von Andrew Lange publizierte Kasuistik über eine Patientin mit Persönlichkeitsaufspaltung [68].

sei ihr als Kind jedoch nicht aufgefallen. Die Distanz zu beiden Eltern sei stets groß gewesen.

Erst der Schulbesuch habe ihr Freiraum, Entlastung gebracht. Eine unverheiratete Tante habe sie gefördert und bestärkt, eine weiterführende Schule zu besuchen. Einmal habe Katharina diese Tante mit einem Strick um den Hals aufgefunden und sie davon befreit.

Sie fühle sich »beziehungsunfähig«. Ihr Lebensziel sei zwar eine Familie, aber eigentlich traue sie es sich nicht mehr zu, diesen Gedanken zu verwirklichen. Außerdem wisse sie, daß sie auch sehr viel Freiraum brauche. Nach einer gescheiterten Beziehung, die vor ca. acht Jahren zu Ende gegangen war, fühle sie sich zu keiner neuen mehr fähig. »Sobald sich jemand für mich interessiert, blocke ich ab, baue ich eine Mauer auf.« Es habe zwar danach noch zwei Beziehungen zu Männern gegeben, aber sie habe sich wohl von vornherein solche Männer ausgesucht, mit denen ohnehin nichts daraus werden konnte. Sie fühle sich häßlich, auf jeden Fall aber nicht interessant genug. Nach ihrem vierzigsten Geburtstag werde ohnehin »alles aus« sein. Sie fühle sich im Beziehungsbereich »wie gelähmt«, sehe zu, aber unternehme nichts, um ihre Situation zu verändern. Sie organisiere ihre Zeit so, daß es gar nicht zu einer Beziehung kommen könne, nämlich voll mit Arbeit, Arbeit, nichts als Arbeit, oder Unterwegssein. — Mehrere Jahre lang habe sie auch eine Gesprächstherapie in Anspruch genommen, die ihr geholfen habe, selbständiger zu werden.

Im Alter von vier bis fünf Jahren sei sie immer wieder von einem Knecht, der auf dem elterlichen Bauernhof die Stallarbeit verrichtete, mißbraucht worden. Dieser Mann habe sie, das Kind, entkleidet, habe neben ihr einen Samenerguß gehabt, und sie habe dabei gedacht: »Aha, Männer pinkeln so!« Das Ganze sei wohl auch ein bißchen spannend gewesen. Jedenfalls habe niemand in der Familie davon erfahren — sie habe damals genau gewußt, daß »das nicht in Ordnung« sei. »Aber man hat sich den Männern unterzuordnen.« In der kalten familiären Atmosphäre seien diese Erlebnisse mit dem Knecht die einzigen körperlichen Berührungen gewesen, an die sie sich zu erinnern vermochte.

Ob sie Angst, Ekel dabei empfunden habe? Katharina zögert mit der Antwort und spricht dann von der »Familienschande«: Nichts, was in der Familie passierte, habe nach außen getragen werden dürfen — die anderen Menschen

würden dies ja nur ausnützen ... Erleichtert sei sie schon gewesen, als dieser Knecht schließlich den Hof der Eltern verlassen habe ...
Ihren Eltern konnte sie diese Dinge ja nie sagen. Die Patientin weint, als sie nun davon spricht. Nie sei es ihr klar gewesen — auch heute nicht — was ihre Eltern ahnten/wußten, und was nicht. Oder *wollten* es sie es nicht wissen?
Träume?
Sie träume lebhaft und viel. Einen »Schlüsseltraum« gebe es, nach dem sie damals auch ihre Psychotherapie begonnen habe:

> Ich sitze als Kind in einem Käfig, in einem riesigen Tresor; mir gegenüber — zwischen mir und der einzigen Tür dieses Raumes ein Mann, der mich mit einem Messer bedroht. Es gibt keine Möglichkeit zu entkommen. Angst, Ausgeliefertsein, Aussichtslosigkeit. Am meisten Chancen habe ich noch, wenn ich mich nicht bewege ...

Arzneifindung:
Ich ignoriere die auffallende Buttervorliebe und das, was ich über Berberis eigentlich bereits wissen müßte: Wegen der für mich zum Zeitpunkt der Erstanamnese stark im Vordergrund stehenden Entfremdungsgefühle (in der Familie), dem Thema »Schande«, dem Messer-Bedrohungstraum, der auch auf ein großes eigenes Aggressionspotential hinweist, wegen der offensichtlichen Kompetenz und Autonomie dieser Frau verordne ich Platinum, allerdings *Platinum muriaticum* (weil ihre Beziehungsprobleme mich sehr stark an Natrium muriaticum — »Liebe zu einem verheirateten Mann« — erinnern), als einmalige Gabe einer MK.

1. Kontrolle, im August 1994
Katharina S. kommt nach ca. 9 Wochen wieder. Sie hat Fieber, einen Harnwegsinfekt, und ein Kollege hat ihr ein Sulfonamid verordnet. Vielleicht habe sie sich das in einem öffentlichen Bad geholt, als sie mit ihrem kleinen Neffen dort war? Alle Knochen tun ihr weh, besonders »das Kreuz«, und sie hat ein Verlangen nach Wärme um den Bauch, die auch bessert.
Zur verordneten Arznei habe sie »eine ziemliche Distanz entwickelt«, sie auf das Nachtkästchen gelegt und erst relativ spät eingenommen. Am Tag nach der Einnahme habe sie einen besonders starken Migräneanfall gehabt.

Ihre Kopfschmerzen dauerten überhaupt jetzt länger und träten häufiger auf, Aspirin® habe nicht geholfen, sie habe immer wieder andere Analgetika gebraucht. Neu sei, daß sie dabei plötzlich auftretende Schmerzen hinter dem linken Auge verspüre, »als ob ein Fleischerhaken daran hinge«. Dabei Geruchsempfindlichkeit, Übelkeit und Kältegefühl.

Die Blähungen seien mehr geworden.

Auffallend: Der Blutdruck habe sich gebessert. und sie fühle sich »innerlich ruhiger«, mache sich nicht mehr so viel Druck, habe mehr Distanz zu ihrer Arbeit, obwohl sie jetzt doppelt so viel arbeite wie früher. Ja, sie habe »wie wahnsinnig durchgearbeitet«. Sie könne jetzt mehr für sich tun. Eine Beziehung sei in größere Nähe gerückt. Vielleicht könne sich alles ändern.

Träume:

> Ich lebe in einer Wohngemeinschaft, gemeinsam mit vielen Leuten. Dies macht mir ein sehr angenehmes, »lockeres« Gefühl.

> Ich springe von einem zehn Meter hohen Balken in die Tiefe. Möchte ich mir das Leben nehmen? Andere Leute warnen mich. Ich springe trotzdem, mit viel Angst, lande aber sanft.

Ich entschließe mich nun, Berberis zu verordnen, nachdem es schon ein Mittel zweiter Wahl bei der Erstanamnese gewesen war, aber hauptsächlich wegen der jetzt im Vordergrund stehenden lokalen Symptomatik. Ich verordne Berberis Q6, 3 x täglich einzunehmen, bei fortschreitender Besserung der akuten Harnwegssymptome in zunehmend selteneren Gaben. Dann gebe ich Frau S. noch Berberis MK als Einzelgabe mit — eventuell nach der Q-Potenz einzunehmen. Diese Entscheidung fällt mir angesichts der positiven Veränderung des Blutdrucks, der deutlichen Besserung im psychischen Bereich und der offensichtlichen Heilungsqualität beider erinnerter Träume nicht leicht. Schließlich gewinnt aber doch die Bedeutung des vorherrschenden akuten klinischen Bilds (mit auf Berberis hinweisenden Lokalsymptomen) die Oberhand, — und vielleicht auch meine neugierige Sehnsucht, endlich unsere These von Berberis zu erhärten ...

Anruf nach einer Woche:

Berberis habe gut gewirkt, — allerdings sei ein juckender Ausfluß aus der Scheide aufgetreten. Könne dies vielleicht jetzt eine Trichomonadeninfektion sein?

Ich lege nun all meine Überzeugungskraft in das Telefongespräch, den Fluor vaginalis als »Entgiftungssymptom« zu akzeptieren — gerade auch in Anbetracht der Mißbrauchsvorgeschichte — empfehle, Berberis Q6 langsam auslaufen zu lassen, dann aber MK einzunehmen.

2. Kontrolle, Mitte Oktober 1994

Zwei Monate später sehe ich meine Patientin wieder. Sie hat sich zweieinhalb Urlaubswochen gegönnt, obwohl sie ursprünglich nur eine geplant hatte. Diese Zeit sei eine sehr gute gewesen, freut sie sich.

Der Blutdruck sei durchweg »schön« gewesen, trotz größter beruflicher Anspannung vor dem Urlaubsantritt, trotz des Chaos, das derzeit zu Hause herrsche (das Wasser hatte abgesperrt werden müssen), obwohl das Auto dreimal »eingegangen« war, obwohl ein Paket nicht angekommen war und der netteste Nachbar im Haus Suizid begangen hatte.

Durchschnittswert des Blutdrucks: 135/90, — nur gestern habe sie 135/105 gemessen. Sie wisse nun aber, daß sie es schaffen werde, daß es überhaupt möglich sei, des erhöhten Blutdrucks Herr zu werden, — »ich muß es einfach schaffen!«.

Der Ausfluß dauert noch fort, hat aber etwas nachgelassen.

Zweimal habe sie starke Kopfschmerzen gehabt, allerdings ohne Angst! Ihr sei ein sehr starkes Gähnen vor den Kopfschmerzen aufgefallen.

Wirbelsäulenschmerzen und Beschwerden des Karpaltunnelsyndroms seien im Abnehmen. Im rechten Ileosakralgelenk seien stechende Schmerzen aufgetreten.

Erstmals sei es ihr möglich gewesen, es vor anderen auch zu zeigen, wenn es ihr mit den Patienten zu viel wurde. In ihrem Urlaubsquartier habe sie es gewagt, Beschwerde einzulegen, für sich ein besseres Zimmer zu fordern, ihre Bedürfnisse besser zum Ausdruck zu bringen.

Nach Einnahme der Hochpotenz habe sie nichts Spektakuläres verspürt, auch keine auffallenden Träume.

Nur an einen Traum im Urlaub erinnere sie sich:

> Ich arbeite wieder im Krankenhaus, habe viele Wege, verschwende die Zeit zwischen den Stationen mit Tratsch, habe Patienten in der Ambulanz sitzen und sollte auch schon auf der Station sein, aber irgend-

wie komme ich nicht zur Arbeit, keiner bemerkt, daß ich eigentlich nichts tue, ich denke mir, das muß doch auffallen!

Ihre Assoziation zu diesem Traum: Die Eltern hätten ihr und sich nie die Freude eines Urlaubs gegönnt.

Noch einmal zum Fluor befragt: Er sei ihr »lästig«, er sei ein Zeichen dafür, daß eben »noch nicht alles in Ordnung« sei, er habe einen schlechten Geruch, sie fühle sich schmutzig (!), sie ekle sich vor sich selbst.

Ich verwerfe eine so verführerische Rubrik wie »Gähnen vor (oder mit, bei) Kopfschmerzen«, in der weder Platin, Natrium muriaticum noch Berberis angeführt ist, und Frau S. erhält an diesem Tag eine zweite MK-Dosis von Berberis vulgaris, mit der Auflage, diese erst bei allgemeiner Verschlimmerung oder bei deutlichem Wiederansteigen des Blutdrucks einzunehmen.

Mitte Jänner 1995, ein Telefonat:

Es gehe ihr sehr gut — auf allen Ebenen. Sie habe keine Arznei gebraucht Letzter Blutdruckwert: 135/98. Ausfluß bestehe immer noch, zeitweise brennend, »unangenehm«, aber nicht mehr so übelriechend, allerdings gebe es Pausen dazwischen. — Karpaltunnelschmerzen zuletzt schlimm wegen manueller Überlastung durch selbst geleistete Umbauarbeiten, Halswirbelsäule zuletzt aber besser.

Sie schickt mir ihr Traumtagebuch, in dem in der zweiten Oktoberhälfte folgender Traum verzeichnet ist:

> Ich stehe einem Mann gegenüber, und er beginnt sich auszuziehen, hat viele Schichten an; bei jedem Kleidungsstück, das er wegwirft, sagt er den Markennamen des Herstellers dazu; ich fange auch an mich auszuziehen, habe nur zwei Schichten an, und »werbe« auch mit der Marke meiner Kleidung (ich bin stolz, wegen der guten Qualität.nur zwei Schichten zu brauchen), — dann sind wir nackt und umarmen uns, und es ist schön.

Zwischenzeitlich absolviert Katharina S. auf mein Anraten hin ein Wochenendseminar in Systemischer Familientherapie und hat dort die Gelegenheit, ihr Herkunftssystem aufzustellen. Ein Gespräch mit dem Therapeuten ergibt, daß unter den gegebenen Umständen eine Lösung aus dem Familiensystem nicht möglich ist. Es taucht die Vermutung auf, daß Mißbrauch bereits durch den Vater, der Katharina zur Mitwisserin seines sexuellen Notstands machte, passiert sein könnte. Seine Frau (Katharinas Mutter) hätte sich ihm entzogen, und sie hätte ihm (dem Vater Katharinas) auch mit Selbstmord gedroht.[9]

6. März 1995

Katharina S. hat die zweite Dosis von Berberis MK nach nunmehr viereinhalb Monaten immer noch nicht eingenommen. Jetzt beginnt der Blutdruck allerdings wieder deutlich anzusteigen zuletzt auf 140/105. Frau S. ist enttäuscht, zumal es ihr psychisch über den Winter (Herbst und Winter sind sonst immer ihre »schlechte Zeit« gewesen) weiterhin bestens gegangen ist.

Sie hat entdeckt, wie schön und wichtig es ist, viel Zeit für sich selbst zu haben. Sie treibt viel Sport (Eislaufen, Skifahren ...), hat sich dabei einmal am Knie verletzt.

Der Kontakt zu den Eltern hat sich gebessert. Sonderbarerweise geht jetzt weniger Druck von ihnen aus — dies bereits vor dem Familientherapieseminar. An dem Tag, an dem ihr Familiensystem dran war, habe sie unter starker Migräne gelitten, und seither seien die Kopfschmerzen wieder deutlich häufiger und intensiver geworden, nachdem es ihr zuvor mit den Kopfschmerzen so gut gegangen war.

Zuletzt häufiger Harndrang, zwei- bis dreimal nachts.

Keinerlei Beschwerden des Bewegungsapparats.

Ein Traum während des Seminars:

> Lüstlinge bedrohen ein nacktes Kind. Ich will dies bei der Polizei anzeigen, aber die Polizisten sind selbst so schwach, und ich denke mir,

---

[9] Kooperation der klassischen Homöopathie mit psychotherapeutischen Methoden kann nach meiner Erfahrung äußerst fruchtbar sein. Die Systemische Familientherapie hat in letzter Zeit viel von sich reden gemacht und bietet für die Homöotherapie viele interessante Ansätze. Eventuell wird ein bisher im Verborgenen wirksamer Konflikt erst durch eine »Aufstellung« evident und somit auch homöopathisch-arzneilich umsetzbar. Im Falle Katharinas hoffte ich vor allem, die Therapiedauer durch ein noch stärkeres Ins-Bewußtsein-Führen des Konflikts und durch mögliche Lösungsschritte im Rahmen der psychotherapeutischen Arbeit verkürzen zu können.

daß ich für die Rettung dieses Kindes, eines Mädchens, eigentlich gar keine Hilfe benötige.

Immer wieder frage ich vorsichtig nach dem Beziehungsbereich: Bisher sei »der Richtige« noch nicht gekommen.

Auffallend: Alle Fingernägel tragen eine querverlaufende Delle, die fast wie ein Schnürring aussieht. So etwas habe sie noch nie an sich beobachtet. Möglicherweise korreliert diese Zeitmarke mit der Einnahme von Berberis MK.

Ich empfehle, wieder Berberis Q6 zu nehmen und bei ungenügender Besserung des Blutdrucks endlich die zweite Hochpotenzgabe.

Eine zwischenzeitlich von mir veranlaßte Laboruntersuchung ergibt bis auf eine Lymphozytose von 48% unauffällige Werte. (Auch in den Vorbefunden war das Labor, einschließlich der Nierenwerte, ohne Befund.)

Im Mai dann ein kurzer telefonischer Kontakt, bei dem sie mir mitteilt, die 2. Gabe Berberis MK Mitte März eingenommen zu haben. Der Blutdruck sei aber leider relativ hoch, und auch psychisch sacke sie zunehmend ab, alles verenge sich, und sie sei eher depressiv.

Ich schicke ihr per Post Berberis MK, die dritte Dosis.

Dann erhalte ich aus einem Mai-Griechenlandurlaub eine fast euphorisch zu nennende Postkarte (die »nur« den »Urlaubseffekt« illustriert?):

» ... *denn nach fast fünf Wochen Leben in einer ›dunklen Röhre‹ war ich sehr erschöpft und genieße nun Licht, Wärme, Schlaf und alles! Plötzlich war alles wieder gut. Zufällig (?) am Tag nach Ihrem Anruf ging es mir trotz eines Migräneanfalls wieder gut. Habe die Globuli trotzdem genommen, weil der Druck auch hoch war (160/120). Es wird wieder!* ... «

22.6.1995

Es gehe ihr »bestens«. Katharina sieht sehr gut aus. Auch der hohe Blutdruck bewege sich, wohl auch begünstigt durch einen genußvollen zweiwöchigen Urlaub, in akzeptablen Regionen (ca. 140/100).

In diesem Urlaub konnte sie erstmals auch »nichts« tun, die Seele baumeln lassen. In drei Wochen werde sie einen weiteren Urlaub antreten, nach Frankreich reisen.

Sie habe es geschafft, weniger Patienten zu betreuen und genieße ihre Freizeit auch außerhalb des Urlaubs.

Noch geringe Schulter- und Halswirbelsäulenschmerzen, die vom Karpaltunnelsyndrom herrührenden Schmerzen seien aber besser. Im Urlaub habe sie kaum Fluor beobachtet — jetzt, prämenstruell, ist er wieder mäßig stark da. Kopfschmerzintensität: insgesamt gebessert, »nicht mehr so wild«.

An einem schon zuvor beobachteten Gefühl, als ob sich im Bereich der rechten Niere ein Stein befände, habe sich nichts geändert.

Männer?

Im Urlaub habe sie nach einem ausgelassenen Tanzabend einen Mann abgewehrt, der sich ihr auch körperlich annähern wollte. Aber es sei eben nicht »der Richtige« gewesen. Sie könne jetzt leichter als zuvor auf jemanden zugehen.

2 Träume:

> Ich bin auf dem Friedhof meines Heimatorts, durch den ich zu Ihnen als meinem Arzt (P. K.) hinaufgehe. Ich fühle mich schwach, und meine Mutter muß mich stützen. Im Wartesaal sitzt auch ein älterer Herr, der für seine Frau da ist, die nicht gehen kann und die er deshalb auf dem Friedhof sitzen ließ. Nachdem wir von Ihnen gemeinsam aufgerufen worden sind, werde ich von Ihnen befragt. Sie schimpfen mit mir, weil ich die Arznei falsch eingenommen habe. Man muß sie ja mit Wasser verdünnen und schluckweise trinken! Ich habe das Gefühl, alles falsch gemacht zu haben, aber getraue mich nicht zu fragen, wie es denn richtig ginge. Auf dem Rückweg gehe ich vom Friedhof, auf dem sich sehr viele Menschen befinden, leicht abschüssig hinunter, hinaus ins Leben. Das Hinausgehen ist leicht, das Hinkommen war mühsam, weil es bergauf ging. Dabei weiß ich, daß es besser werden wird ...

Auf meine Frage hin erklärt die Patientin, daß es ihr in diesem Traum ganz leicht gefallen sei, die Stütze der Mutter anzunehmen, während es in Wirklichkeit ja so sei, daß eher sie die Mutter stütze. Nie hätte es im realen Leben eine solche Nähe zur Mutter gegeben. Im ersten Teil des Traums wäre das Gefühl vorherrschend gewesen, selbst nichts mehr für sich tun zu können.

> Ich bin mit mehreren jungen Leuten auf einer Insel und blicke hinunter auf eine Höhle, in deren Eingang ein gefährlicher Mann zu sehen ist — ein riesiger Affenmensch, dunkelbraun und zottelig. Dieses Wesen steigt herauf zu uns, kommt auf uns zu. Die anderen laufen alle weg,

nur ich bleibe wie angewurzelt stehen. Während dieser Mann näher kommt, nimmt er immer menschlichere, harmlosere Züge an, ist eigentlich nur freundlich und neugierig.

Verordnung: Berberis XM[10], nur bei Bedarf einzunehmen.

11.10.

Sie hat Mitte August Berberis XM eingenommen, nachdem der Blutdruck infolge akuten Ärgers (mit einem Versicherungsvertreter) wieder auf 160/120 angestiegen war. Jetzt sind die Werte wieder um 135/100.

Im diesjährigen Sommer habe sie einige Enttäuschungen erlebt, negative Erlebnisse gehabt, eine Zeitlang auch wieder arge Kopfschmerzen.

Den vaginalen Ausfluß gebe es noch immer, der Gynäkologe habe auch gemeint, eine solche Anaerobierinfektion sei ohne eingreifende Medikamente nicht »wegzubringen«. Aber: Die »übelriechenden Tage« werden zunehmend weniger.

Ein Traum gleich nach der letzten Arzneieinnahme:

Ostseelandschaft. Ich stehe an einem Felsabhang, ein kleines Mädchen gerade vor mir. Es droht hinunterzufallen und klammert sich an einem Grasbüschel an. Ich weiß, daß sich das Mädchen nicht halten kann, sage ihr, sie solle versuchen, auf ihren Füßen zu landen ... Schließlich reißt das Grasbüschel ab, — das Mädchen landet weich unten im Sand. (Dabei das Gefühl von Sicherheit, daß das Kind überleben wird — »Gott sei Dank!«)

Trotz aller Gefährdung zeichnet sich in diesem Traum vorsichtig eine gute Prognose des Überlebenswillens (des Willens, gesund, geheilt zu werden?) ab. Ihr »kleines Mädchen« (das innere, noch des Halts bedürftige, angsterfüllte Kind) kann letztlich überleben und weich im Sand landen, — und es bedarf dazu gar keines großen Kunststücks, sondern des simplen Ratschlags der erwachsenen Katharina, doch die Füße zu gebrauchen.

Verordnung: Eine zweite Gabe Berberis XM wird mitgegeben, bei Bedarf einzunehmen.

[10.] VSM, Alkmaar.

Postkarte, Dezember 95
> *Ich bin derzeit auf dem Weg nach oben, es geht mir sehr gut ... Ich mache auch seit einem Monat eine Therapie bei N.N., weil ich aus aktuellem Anlaß wieder auf meine ältesten Störungen gestoßen bin und das Problem endlich angehen möchte ...*

Jänner 1996, — vorläufig letzte Kontrolle
Blutdruckwerte stabil um 140/105; dabei sind keine subjektiven Beschwerden vorhanden. Keine Gelenksprobleme. Die Kopfschmerzen treten prämenstruell zwar noch auf, haben aber an Intensität deutlich abgenommen. Das Gefühl der getrennten, als verschieden empfundenen Körperhälften ist nur mehr während der Kopfschmerzattacken vorhanden, ist aber — im Gegensatz zu früher — in kopfschmerzfreien Phasen nicht mehr aufgetreten. Der vaginale Ausfluß hat nun erstmals wirklich nachgelassen und ist nur noch um den Ovulationszeitpunkt bemerkbar.

Im Privatleben unserer Patientin hat sich viel getan. Nach einer Kontaktanzeige, die sie wagemutig in einer Zeitung aufgegeben hat (der »aktuelle Anlaß« obiger Postkarte), gibt es nun sogar mehrere Männerbekanntschaften, auch mit sexuellem Kontakt. In der Aufarbeitung dieser neuen und turbulenten Gegebenheiten spielt auch die begleitende Psychotherapie eine wichtige Rolle. Die Träume Katharinas erscheinen jetzt ungewöhnlich, verwirrend und sind teilweise schockierend.

Die Bedeutung dieser entscheidenden Lebens- und Therapiephase ist derzeit nicht abzusehen. Subjektiv fühlt sich Katharina S. sehr wohl, genießt ihr Leben mehr denn je, hat auch erstmals ohne Mühe einige Kilo abgenommen.

Wegen des doch nicht ganz zufriedenstellenden Blutdrucks und den vielen energieraubenden Prozessen, die derzeit stattfinden, entschließe ich mich dazu, eine Gabe Berberis XM (nach nunmehr fünf Monaten) zu wiederholen.

Kommentar:
Die Behandlung von Frau Katharina S. ist noch bei weitem nicht abgeschlossen. Aber Berberis hat eine eindrucksvolle Wirkung gezeigt:
— Die Traumbilder und -aussagen weisen auf einen heilsamen Wandlungsprozeß hin.

— Deutliche und reproduzierbare Senkung der Blutdruckwerte — und dies nach Unwirksamwerden einer vorangegangenen Therapie mit einem ACE-Hemmer.[11] Die anfängliche, fast dramatisch zu nennende Senkung der Blutdruckwerte konnte im weiteren Behandlungsverlauf leider nicht mehr erreicht werden. Aus rein klinischen Gesichtspunkten müssen die zuletzt gemessenen Werte immer noch als erhöht gelten.

— Eindrucksvolle, tiefgreifende und anhaltende Veränderung im Lebensstil dieser Patientin, bereits vor dem familientherapeutischen Wochenendseminar und der Inanspruchnahme psychotherapeutischer Hilfe.

— Auftreten einer somatischen Heilungsreaktion in Form eines langwierigen vaginalen Ausflusses, der gut mit der erinnerten Verletzung im genitalen Bereich in Zusammenhang zu bringen ist. Aus Sicht der Heringschen Regel drängt es sich auf, den Fluor vaginalis unserer Patientin als Entlastungsreaktion (Öffnung eines »Ventils«) aufzufassen: Was bislang unterdrückt bleiben mußte, darf nun endlich »ausfließen« ...

— Die von der Patientin registrierte Veränderung der Struktur der Fingernägel spricht für einen durchgreifenden und zeitlich genau zuzuordnenden Impuls, der mit anderen beobachteten Veränderungen korreliert und höchstwahrscheinlich einer Heilwirkung von Berberis zuzuschreiben ist.

Die genaue Analyse des »Falls Katharina« ergibt jedoch auch einige sonderbare, lehrreiche Abweichungen vom »klassischen« Heilungsablauf:

— Es fehlt eine deutliche Arzneireaktion (»Erstverschlimmerung«).[12] Überhaupt verläuft diese Heilung bemerkenswert »sanft«. Träume, die auf

---

[11]. Die erfolgreiche Behandlung »echter« Hypertoniker (mit derart hohen Ausgangswerten) ist kein leichtes Unterfangen. Klinische Rubriken wie »Hypertonie« lassen völlig im Stich. Gut gewählte, meist »große« Arzneien versagen oft, und man ist häufig froh, wenigstens Begleitsymptome oder die Lebensqualität dieser Patienten einigermaßen gebessert zu haben. Ich selbst habe nach zehn Jahren homöopathischer Praxis jedenfalls nur sehr selten (und wenn, dann mit »kleinen« Arzneien) eine derart dramatisch zu nennende positive Beeinflussung eines Hypertonus erlebt wie bei Katharina S.

[12]. Die mancherorts in der Lehre geäußerte Ansicht »Ohne Erstverschlimmerung keine Heilung« ist — wie auch andere »Dogmen« in der Homöopathie — nach unseren Erfahrungen nicht haltbar.

eine Heilungsentwicklung hinzuweisen scheinen, treten erst nach Wochen auf.

— Auch die Gabe von Platinum muriaticum hatte heilsame Wirkungen (Traumcharakter und -prognose, Allgemeinbefinden, Blutdrucksenkung; akute Symptome im Harntrakt!). Doch erst der (riskante) Arzneiwechsel zu Berberis brachte durchgreifenden Erfolg. Aber: Vielleicht hätte dasselbe (oder ähnliches) auch durch eine Wiederholung von Platinum muriaticum (oder durch bloßes Abwarten?) erreicht werden können?[13]

— Einige verführerische neue Symptome (z.B. das Gähnen vor den Kopfschmerzen) tauchen im Verlauf der Behandlung mit Berberis neu auf. Wäre man auf diese Symptome eingegangen, so hätte dies wahrscheinlich zu einem Wechsel der Arznei geführt.

— Die zweite Wiederholung der Arzneigabe von Berberis M hatte keinen sichtbaren Erfolg; allerdings erbrachte die (in Ermangelung von Berberis XM) notwendige dritte Dosis von Berberis M deutliche Besserung in allen Bereichen.[14]

[13.] Die Frage, welche Symptome bei Neuauftauchen von Symptomen im Verlauf einer homöopathischen Behandlung zu einem Arzneiwechsel führen sollen (vgl. Hahnemanns Organon [44], §§ 167, 168) und welche nicht, ist unseres Erachtens bisher durch die homöopathische Lehre noch unzureichend beantwortet worden. — Im Zweifelsfall halten wir es für wichtiger, sich von einer augenscheinlich richtigen Verordnung nicht so leicht abbringen zu lassen, — besonders dann, wenn gleichzeitig positive Veränderungen im Traum- oder im Geist-Gemütsbereich zu registrieren sind.

[14.] In Gesprächen mit anderen Homöopathen ist oft von der »Zeitqualität« einer Verordnung die Rede. Wir fragen uns, ob es möglich ist, daß ein und dieselbe (jeweils nach dem Symptomenbild angezeigte) Arznei zu unterschiedlichen Verabreichungszeiten unterschiedliche Wirkungen zeigt. Dabei denken wir nicht so sehr an Mondphasen oder zirkadiane Rhythmen, sondern an die Stimmigkeit der subjektiven Zeitqualität für den betreffenden Patienten (oder Probanden einer Arzneimittelprüfung), — ähnlich, wie es auch in der Weltraumfahrt für das Erreichen eines definierten Ziels nur zu ganz bestimmten Zeiten offene »Fenster« geben soll, deren Versäumen die Durchführung eines Projekts in Frage stellen können.

Ich bin sicher, daß ich Berberis unter Verwendung konventioneller Rubriken aus dem Repertorium nicht gefunden hätte, wenngleich es retrospektiv einige schöne Übereinstimmungen gibt (z. B. die Hitze des Kopfes (1)). Wäre ich von dem in der bisherigen Literatur beschriebenen »Berberis-Konstitutionstyp« (»blaß, alt aussehend«) ausgegangen, hätte dies sicherlich zu einer Fehlverordnung geführt. Somit ist diese bisher eindrucksvollste unserer Berberis-Verordnungen ein echtes Kind unserer Prüfungsarbeit, das uns mit großer Freude erfüllt.

Erfahrungen anderer mit Berberis

Seit unserer Traumarzneimittelprüfung von Berberis hat es viele persönliche Kontakte und Gespräche mit anderen Berberis-Verordnern gegeben. Deborah Collins aus den Niederlanden verdanken wir den Hinweis auf zwei erfolgreich mit Berberis behandelte Patientinnen, die wegen einer chronischen Lumbago bzw. eines Ekzems (bei dem zuvor erfolglos Staphisagria gegeben worden war) bei ihr in Behandlung waren. Auch hier findet sich in beiden Fällen der Hintergrund sexuellen Mißbrauchs bzw. die fixe Idee eines solchen. Jayesh Shah, Bombay, berichtete ebenfalls von einer eindrucksvollen Bewährung unserer These bei einem Patienten.

Dee MacLachlan aus England berichtete über ihre »bewährte Indikation«, Berberis bei Frauen mit rezidivierenden oder akuten Blasenbeschwerden zu geben, wenn diese in der Folge eines »ungewollten« bzw. aufgezwungenen Koitus aufgetreten sind. Es freut uns, diese Erfahrungen weitergeben zu dürfen. Auch sie bedeuten Ermutigung für unsere weitere Arbeit mit Arzneien und Träumen.

BERBERIS-PRÜFUNGSSYMPTOME

Die somatischen und allgemeinen Symptome von Berberis sind bei unserer Arzneiprüfung — trotz der überdurchschnittlich langen Prüfdauer — recht spärlich ausgefallen. Vielleicht hat dies damit zu tun, daß unsere erste *Traum*-Arzneiprüfung als solche deklariert war (was wir bei den zwei folgenden Prüfungen anders handhabten), und die ProbandInnen somit ihr Hauptaugenmerk auf die Träume richteten. Allerdings wiesen wir in der Vorbesprechung unserer Berberis-Prüfung sehr wohl darauf hin, daß auch die körperlichen Symptome genau registriert werden sollten.

Viele bisher bekannte Körpersymptome von Berberis — in der folgenden Zusammenstellung *kursiv* wiedergegeben — ließen sich durch unsere Prüfung bestätigen. Allerdings traten aber gerade die von Berberis so gut bekannten Schmerzsymptome im Lumbal- und Nierenbereich nur bei einer Prüferin (7) deutlich und krisenhaft in Erscheinung. Bei einigen unserer Prüfer nahm die mentale Aktivität im Zeitraum der Prüfung deutlich zu, was sich auch in einer vermehrten beruflichen Belastbarkeit manifestierte. Die sich meist in Prüfungssituation befindenden Studenten äußerten oft Allgemeinsymptome wie Konzentrationsmangel, schweres Wachwerden morgens, Lernunlust etc., was nicht so hoch bewertet werden soll.

Nicht durch uns bestätigen ließ sich das in fast allen Arbeiten über Berberis vertretene, auffallende »As if-Symptom« des »Blubberns« und »Glucksens«, das im Repertorium in nahezu allen Körperregionen (in Form von 10 verschiedenen Lokalsymptomen) vertreten ist. Bei von Keller [54] heißt es hierzu: »Empfindung von Blubbern oder Glucksen, wie von Luftblasen in einer zähen Flüssigkeit«.

Bei keiner der hier vorgelegten drei Arzneien drucken wir im Rahmen dieser Arbeit die einzelnen Symptome im Originalwortlaut ab, sondern bieten nur die Repertoriums-Version an. Dies hätte — bei insgesamt 54 (46 verschiedenen) ProbandInnen — den Rahmen eines noch gut handhabbaren Werkes überschritten. Originalformulierungen können bei Bedarf bei den Autoren abgerufen werden. Allerdings waren wir sehr darauf bedacht, möglichst den Originalwortlaut in die Rubrikensprache einfließen zu lassen.

Weiterhin haben wir bewußt darauf verzichtet, bei den jeweiligen Symptomen den Tag des erstmaligen Beobachtens, Dauer sowie Verschwinden des Symptoms zu notieren. Wir glauben, daß diese Angaben zwar interessant, aber praktisch nicht wirklich wichtig sind. Durch das Archivieren der Original-Prüfungsprotokolle wäre auch jederzeit Zugriff auf diese Daten möglich.

Was den Wert dieser Zusammenstellung etwas mindert, ist die Tatsache, daß pro registriertem Symptom nur wenige Prüfer (oder überhaupt nur ein Proband, — meist unsere »Best-Responderin« (7)) als Referenz angeführt werden können. Dies läßt auf eine große Streubreite unserer Berberis-Symptome schließen. Warum dieses Phänomen bei dieser Prüfung viel deutlicher in Erscheinung trat als bei den beiden nachfolgenden, vermögen wir derzeit nicht zu erklären.

SYMPTOMENLISTE

Symptome, die wir
— aus dem Repertorium [90],
— aus der Prüfung von Bayr, Geir, Nitzschke [13]* <BGN>,
— mit denen wir die bei von Keller [54] gefundenen Angaben*<K> bestätigen konnten.
Neue, aus unserer Prüfung gewonnene Symptome
(N): Neues Symptom im Repertorium
ProbandInnennummern: jeweils am Ende eines Symptoms

Gemüt — Aktivität*<BGN>: ProbandInnen 2, 5
Gemüt — Angst — morgens — Erwachen, beim*<BGN>: 8
Gemüt — Angst — Beschwerden, durch: 7 (N)
Gemüt — Angst — Fieber — während (bisher 1-wertig): 7
Gemüt — Beleidigt, leicht: 7
Gemüt — Erschöpfung, geistige (1): 7
Gemüt — Erschöpfung, geistige — morgens (1): 7
Gemüt — Fehler — Schreiben, beim*<BGN>: 6
Gemüt — Froh, guten Mutes, glücklich*<BGN>: 5
Gemüt — Froh, guten Mutes, glücklich — betrunken, als ob: 5 (N)
Gemüt — Gedächtnis — Gedächtnisschwäche — gesagt hat; für das, was er: 5
Gemüt — Gleichgültigkeit, Apathie (1): 6
Gemüt — Konzentration, schwierige (1): 6
Gemüt — Mürrisch, mißmutig (1): 6, 7
Gemüt — Reizbarkeit (1): 6, 7
Gemüt — Ruhelosigkeit*<BGN>: 7
Gemüt — Ruhelosigkeit — abends — Bett, im — Einschlafen, beim*<K>: 7 (N)
Gemüt — Schüchternheit: 7
Gemüt — Seelenruhe, Gelassenheit: 5
Gemüt — Stumpfheit, Geistesträgheit, Denk- und Verständnisschwierigkeit (1): 7
Gemüt — Stumpfheit, Geistesträgheit, Denk- und Verständnisschwierigkeit — morgens (1): 7

Gemüt — Stumpfheit, Geistesträgheit, Denk- und Verständnisschwierigkeit — morgens — Erwachen, beim (1): 7
Gemüt — Traum; wie in einem: 5
Gemüt — Unsicherheit, geistige: 7
Gemüt — vergeßlich (1): 5
Gemüt — Wahnideen — erlebt — schon einmal erlebt zu haben; glaubt alles: 5

Schwindel (2): 4
Schwindel — abends*<BGN>: 4
Schwindel — Bewegung — Arme, der — Liegen, im — bessert: 4 (N)
Schwindel — Gehen — Freien, im — bessert: 4
Schwindel — Kopfschmerz — während — »Druck im Kopf«: 4 (N)
Schwindel — Müdigkeit, mit: 4

Kopf — Hitze (1): 6
Kopf — *Hitze* — Stirn: 6
Kopf — *Hitze* — Stirn — morgens: 6
Kopf — *Hitze* — Stirn — abends: 6
Kopf — *Hitze* — Stirn — Seite der Stirn — rechts: 5 (N)
Kopf — Schmerz — morgens (1) — Erwachen, beim*<K>: 7
Kopf — *Schmerz* — *Hinterkopf* — erstreckt sich zu — Kopf — über den ganzen Kopf: 3
Kopf — Schmerz — Hinterkopf — erstreckt sich zu — oben, nach (1): 3]
Kopf — Schmerz — Scheitel*<BGN>: 6
Kopf — *Schmerz* — *Stirn* (1): 7
Kopf — *Schmerz* — *Stirn, in der* — linke Seite — Wind, nach kaltem: 7 (N)
Kopf — *Schmerz* — *Stirn, in der* — Nasenwurzel, über der: 4
Kopf — *Schmerz* — brennend — Stirn — Kälte, Gefühl von Kälte dabei: 7 (N)
Kopf — Schmerz — drückend (1): 4
Kopf — *Schmerz* — drückend — Stirn, in der -Nasenwurzel, über der — Pochen, Pulsieren, mit: 4 (N)

Auge — Hitze (1): 6

Auge — Hitze — Lider: 6
Auge — Müder Ausdruck — Gefühl von Müdigkeit: 6
Auge — Schmerz — brennend (1): 6
Auge — Schmerz — drückend (1): 4

Ohr — Geräusche im Ohr (1) — rechts: 4
Ohr — Geräusche im Ohr — Flattern (1): 4
Ohr — Geräusche im Ohr — Knacken: 4
Ohr — Geräusche im Ohr — Pulsieren, Pochen*<K>: 4
Ohr — Hautausschläge — Furunkel: 1[15]
Ohr — Schmerz — rechts (1): 1
Ohr — *Schmerz* — erstreckt sich zu — Kopf: 1
Ohr — Schmerz — drückend (1): 4
Ohr — *Schmerz* — drückend — hinter dem Ohr — links: 7
Ohr — *Schmerz* — drückend — Processus mastoideus: 7
Ohr — Schmerz — stechend — hinter dem Ohr (1) — links[16]: 7

Nase — Absonderung — wundfressend*<BGN>: 1
Nase — Verstopfung*<BGN, K>: 6
Nase — Verstopfung — abwechselnde Seiten: 6
Nase — Verstopfung — links — erstreckt sich auch nach rechts: 6
Nase — Verstopfung — rechts: 6
Nase — Verstopfung — nachmittags: 6
Nase — Verstopfung — abends: 6

Gesicht — Farbe — rot — Flecken (1): 4
Gesicht — Hautausschläge — Pickel (1): 4
Gesicht — Hitze (1): 4

Mund — Aphthen (2): 3

---

[15] Bei Bayr, Geir, Nitzschke fanden wir die Erwähnung eines (ebenfalls linksseitigen) Gehörgangsfurunkels.

[16] Im Repertorium [87] findet sich (nach einer Angabe von Kent) das wortgleiche Symptom, allerdings rechtsseitig.

Mund — Bluten — Zahnfleisch (1): 6
Mund — Bluten — Zahnfleisch — Putzen des Zahnfleisches; beim: 6
Mund — Jucken — Gaumen — hinten am Gaumen: 7 (N)
Mund — Schmerz — brennend — Gaumen*<BGN> — hinterer Gaumen: 7 (N)

Hals — Schmerz (1) — links*<BGN>: 6
Hals — Schmerz — rechts*<BGN>: 6
Hals — Schmerz — abends*<BGN>: 4, 6
Hals — Schmerz — Schlucken*<BGN>: 4, 6
Hals — Schmerz — erstreckt sich zu — Zunge: 6 (N)
Hals — Schmerz — kratzig, scharrig (1): 6
Hals — Schmerz — stechend (1) — rechts: 6
Hals — Trockenheit (1): 6
Äußerer Hals — Schmerz — Halsdrüsen*<BGN>: 4
Äußerer Hals — Schwellung — Halsdrüsen*<BGN>: 4

Magen — Appetit — fehlend (2): 7
Magen — Appetit — vermehrt (2): 5
Magen — Appetit — vermehrt — Essen — nach: 4
Magen — Brechreiz, Würgen*<BGN>: 4
Magen — Schmerz — krampfartig — morgens — Erwachen, beim[17]: 8
Magen — Übelkeit (2): 3, 4
Magen — Übelkeit — nachmittags: 3
Magen — Übelkeit — Erbrechen bessert*<BGN>: 4 (N)
Magen — Übelkeit — Gebrauch der Augen: 3[18]

Abdomen — Auftreibung (2): 3
Abdomen — Flatulenz*<BGN>: 4

Rektum — Obstipation (2): 1, 4

[17.] »... den ganzen Tag anhaltend.«
[18.] Notiz der Prüferin: »Übelkeit bei Akkomodation und Bewegung der Augen, besser durch Fix-Einstellung der Augen und durch Geradeausschauen.«

Rektum — Obstipation — vergeblicher Stuhldrang und vergebliches Pressen (1): 1
Rektum — Schmerz — brennend — Stuhlgang — nach (2): 7

Stuhl — dunkel — hell, dann: 4 (N)
Stuhl — Geruch — übelriechend*<GBN>: 4
Stuhl — hart (1): 4, 5
Stuhl — Schafskot, wie (2): 4

Blase — Harndrang — häufig (2): 4

Männliche Genitalien — Sexuelles Verlangen — vermindert (1): 6

Weibliche Genitalien — Fluor — Stehen, im — Treppensteigen, nach: 7 (N)
Weibliche Genitalien — Menses — lange sich hinziehend: 5
Weibliche Genitalien — Menses — spärlich — schmerzlos: 5 (N)
Weibliche Genitalien — Schmerz (1) — (Ovarien): 1
Weibliche Genitalien — Schmerz — Ovarien — rechts: 1
Weibliche Genitalien — Schmerz — Ovarien — Kälte verschlimmert[19]: 1 (N)
Weibliche Genitalien — Schmerz — Ovarien — Wärme bessert: 1 (N)
Weibliche Genitalien — Schmerz — Ovarien — erstreckt sich zu — Brust[20]: 1
Weibliche Genitalien — Schmerz — stechend — Ovarien: 1

Weibliche Genitalien — Sexuelles Verlangen — vermindert (1): 7

Kehlkopf und Trachea — Druck — Kehlkopf, auf den*<BGN>: 6

(Husten): 7

Brust — Leeregefühl: 1
Brust — Schmerz — Atmen, beim — tiefem, bei (2): 7
Brust — Schmerz — stechend — Atmen, beim — tiefen, beim (2): 3

---

[19] » ... als ob zu lang in der Kälte gesessen ... «
[20] » ... Brust, dort Empfindung, als ob alles leer sei.«

Brust — Schweiß — Achselhöhle: 6

Rücken — Jucken — brennend (1): 4
Rücken — Schmerz — Lumbalregion (3): 7
Rücken — Schmerz (2) — Lumbosakralregion: 7
Rücken — Schmerz — Lumbosakralregion — stehen —»als ob mir jemand im Kreuz stehen würde«[21]: 7
Rücken — Spannung — Zervikalregion (1): 3

Extremitäten — Kälte — Fuß — Hitze, mit — Körpers; des: 6 (N)
Extremitäten — Hitze — Fuß*<BGN>: 5[22]
Extremitäten — Kälte — Fuß (1): 1
Extremitäten — Krämpfe — Finger: 10
Extremitäten — Schmerz (1) — Wärme — bessert: 1
Extremitäten — Schmerz — Wetter — kaltem Wetter, bei: 1 (N)
Extremitäten — Schmerz — Wind, durch: 1 (N)
Extremitäten — Schmerz — Muskeln —»Muskelkater«, wie ein: 7
Extremitäten — Schmerz — Schulter (2) — links*<K>: 1, 7
Extremitäten — Schmerz — Hüfte (2) — links*<K>: 1
Extremitäten — Schmerz — wund schmerzend (= wie zerschlagen, ...)*<K>: 7
Extremitäten — Schmerz — wund schmerzend (= wie zerschlagen, ...) — morgens
— Erwachen, nach dem: 7 (N)
Extremitäten — Schmerz — ziehend — Hüfte — links: 1
Extremitäten — Schmerz — ziehend — Hüfte — erstreckt sich zu — Knie: 1

---

[21] In Allens Encyclopedia [4] heißt es:»Pressend-spannende oder drückende Empfindung im Kreuzbein, tief drinnen, und im Extrem mit dem Gefühl, als ob es den Knochen auseinandertreiben würde, ... « (Übersetzung durch die Verfasser).

[22] Zwei Stellen bei Allen [4] weisen ebenfalls dieses Symptom auf:
»Prickelndes, bisweilen kribbelndes Wärmegefühl der Fußsohlen, oft zugleich in den Zehen und am Fußrücken, — so wie bei gefrorenen Füßen.«
»Ziehende Schmerzen in den Fußsohlen, einmal hier, einmal da, häufig mit kribbelnden Bewegungen, dabei gesteigerte Wärmeempfindung.« (Übersetzung durch die Verfasser)

Extremitäten — Schmerz — ziehend — Fuß — Sohle — krampfartig: 1
Extremitäten — Rissige Haut — Finger — Fingernägeln, an den: 7
Extremitäten — Schweregefühl — Arme (1) — Heben der Arme, beim*<K>[23]: 7
Extremitäten — Schweregefühl — Beine (3) — Blei, wie mit Blei beschwert: 7 (N)

Schlaf — Erwachen — häufig (1): 8
Schlaf — Erwachen — Schreck, wie durch: 3
Schlaf — Erwachen — schwierig — morgens*<K>: 10
Schlaf — Gestört — Fieberhitze, durch: 7
Schlaf — Leicht, nicht tief*<BGN>: 4
Schlaf — Schlaflosigkeit — Fieberhitze, bei: 7 (N)

Frost — Frösteln*<BGN>: 7
Frost — Schüttelfrost*<BGN>: 7
Frost — Schüttelfrost — nachts: 7

(Schweiß — Reichlich): 1

Haut — Hautausschläge — Pickel (1): 4
Haut — Hautausschläge — juckend*<BGN>: 4
Haut — Jucken — Hautausschläge — ohne*<BGN>: 3
Haut — Jucken — wandernd (1): 3
Haut — Narben — juckend: 1
Haut — Schmutzige Haut: 4
Haut — Warzen: 7

Allgemeines — morgens (2): 1, 5, 7, 10
Allgemeines — Entzündung — Drüsen, der (1): 4
Allgemeines — Hitze — Lebenswärme, Mangel an*<BGN>: 7[24]
Allgemeines — Kälte — Knochen; wie in den (2): 3

[23.] Allen [4]: »Heftiges Ziehen im rechten Ellbogen, ... , mit einem Gefühl von Lähmigkeit und Schwere des Unterarms, ... « (Übersetzung durch die Verfasser)

Allgemeines — Mattigkeit (2): 4
Allgemeines — Müdigkeit (1): 4, 10
Allgemeines — Müdigkeit — morgens*<BGN, K>: 4, 10
Allgemeines — Pulsieren — innerlich (1): 7
(Allgemeines — Schleimhautabsonderung, vermehrte): 4
Allgemeines — Schmerz — erstreckt sich — unten, nach (2): 1
Allgemeines — Schmerz — Drüsen, der (1): 4
Allgemeines — Schmerz — Gelenke, der (1): 4
(Allgemeines — Schmerz — brennend): 4
(Allgemeines — Schmerz — drückend): 4
Allgemeines — Schmerz — stechend (1): 7
Allgemeines — Schmerz — wund schmerzend, wie zerschlagen, ... (1): 7
Allgemeines — Schmerz — ziehend (1): 4
Allgemeines — Schwellung — Drüsen, der (2): 4
(Allgemeines — Schweregefühl): 7
Allgemeines — Seite — links (2): 7
Allgemeines — Seite — rechts*<BGN>: 6
Allgemeines — Spannung — äußerlich (1): 7
Allgemeines — Spannung — Muskeln, der (1): 7
Allgemeines — Speisen und Getränke — Milch — Abneigung: 7
Allgemeines — Speisen und Getränke — Salz — Verlangen: 7

[24.] Wir haben bereits vorgeschlagen, Berberis in der Rubrik »Mangel an Lebenswärme« nachzutragen. Denn auch in der Publikation von Bayr, Geir, Nitzschke wurde des öfteren ein Frieren sonst »hitziger« Personen beschrieben.

RHODODENDRON

Dezember 1993

»*Mein Vater hat Multiple Sklerose ...* «

In der Abteilung »Kleine Mittel« unseres Materia-Medica-Gartens wandelnd, gelangen wir von Berberis zu Rhododendron: Wiederum so eine unscheinbare, mit so wenig Selbstvertrauen (homöopathisch gedacht: mit so wenig brauchbaren Symptomen) ausgestattete, gern übersehene und im Schatten größerer stehende Pflanze! Bestenfalls ein windempfindliches »Rheuma-« oder ein »Hodenmittel« — und das meist erst dann, wenn andere Arzneien versagt haben ...

RAHMENBEDINGUNGEN

Aus den Erfahrungen unserer Berberis-Arzneimittelprüfung ergab sich ein modifizierter und unserer Meinung nach auch realistischerer, rationellerer Prüfungsansatz, der im folgenden kurz dargestellt werden soll.

Wieder waren unsere ProbandInnen (A bis P) StudentInnen und ZuhörerInnen der Homöopathie-Vorlesung an der Universität Wien. Einige (vier) Prüfer hatten bereits an der Berberis-Prüfung teilgenommen. Weder den Prüfungsleitern noch den ProbandInnen war der Name der geprüften Arznei bekannt. Allerdings war (per Los) aus einer Gruppe von sieben vorausgewählten interessanten Arzneien die Prüfarznei festgelegt worden. Prüfpotenz war wieder die C_{30}, wobei bis zum Auftreten von (Traum)-Symptomen einmal täglich eine Dosis (= 5 Globuli) eingenommen und nach Abklingen der Prüfungssymptome die Arznei weiter eingenommen werden sollte.

Wir behielten das in unserer Berberis-Prüfung bewährte Vorgehen (einschließlich Traum-Vorbeobachtungsphase) bei, jedoch mit einigen Änderungen:

1.) Die Prüfungsdauer wurde von sechs auf zwei Wochen reduziert. Dies, um den ProbandInnen die Mühe der Traumaufzeichnungen zu verringern und uns die kräfteraubende Arbeit, Träume vieler ProbandInnen über einen Zeitraum von vielen Wochen auszuwerten, zu erleichtern, aber auch in der Überzeugung, daß zwei Wochen Prüfdauer genügen müßten, um die wesentlichen Elemente der geprüften Arznei zu finden.

2.) Die Nachanamnese mit den einzelnen ProbandInnen, in der jeder Traum auf seinen jeweiligen biographischen Kontext sowie persönliche Assoziationen hin besprochen wurde, wurde später angesetzt als bei der Berberis-Prüfung, um Fragen, die sich aus dem Studium der Träume unserer ProbandInnen ergaben, bereits in die Nachanamnese miteinbeziehen zu können und somit die Zahl der Rückfragen (Telefonate, Einzelgespräche) zu reduzieren.

3.) Die Aufforderung, vornehmlich auf Träume zu achten, haben wir gegenüber der Berberis-Prüfung nicht so sehr in den Vordergrund gestellt. Wir sind dabei von der Erwartung ausgegangen, daß wichtige Träume eindrucksvoller im Gedächtnis bleiben müßten als unwichtige, für die Auswertung unbrauchbarere. Dies ist ebenfalls als ein Schritt der Ökonomisierung unserer Arbeit aufzufassen.

4.) Neue Möglichkeiten eines besseren Verständnisses unserer ProbandInnen-Träume, wie sie uns aus der Psychotherapie bekannt sind — »Aufstellen« der Arzneiträume — werden erstmals in den Auswertungsprozeß miteinbezogen (siehe später!).

Ein Proband (M) erhielt (blind) Placebo. Bei ihm trat keine nennenswerte Symptomatik auf, weder im somatischen, noch im Geist/Gemüts- oder Traumbereich. Danach erhielt er (wissentlich) Verum, allerdings ohne nennenswerte Reaktion.

Insgesamt wurden die Prüfungsprotokolle von 12 ProbandInnen (5 Männern und 7 Frauen) ausgewertet, uns, die Prüfungsleiter, eingeschlossen. Die Tabelle im Kapitel »Die Väter von Rhododendron« (siehe später!) soll einen Überblick ermöglichen.

VORTRÄUME — INITIATIONSTRÄUME?

Bei der Traumauswertung fiel uns ein Phänomen auf, das wir bei unserer Arbeit mit den Berberis-Prüfungsträumen noch nicht bemerkt hatten: Manche Träume, die am Ende der Vorbeobachtungsphase auftraten, schienen das unmittelbare Bevorstehen der Prüfung/Arzneieinnahme (in bisweilen eindrucksvoll symbolhafter Form) anzuzeigen. Zwei dieser »Vorträume« seien hier beispielhaft wiedergegeben:

> Ich gehe mit Dr. König und noch jemandem durch einen Tunnel. Er ist schmal, eng und eher dunkel und in den Berg gehauen. Der Ausgang ist leider zu eng für uns. Wir probieren es später noch einmal, — der Ausgang ist zwar noch immer eng, aber die Steine am Rande sind alt, lose, und es ist möglich sie wegzustoßen. Der Weg führt über eine Treppe hinunter doch ins Freie. Draußen sind wunderschöne bunte Blumen, aber auf trockenem, sandigem Grund. Ich denke, die sind bestimmt extra gepflanzt. [N/V1]

Den chronologisch nächsten Traum träumt (N) bereits nach Einnahme der Prüfarznei:

> Ich gehe mit meiner Freundin eine Straße hinauf (wie die Straße auf die Alm). Wir kommen zu einem Parkplatz. Daneben steht ein großes Kraftwerk (Umspannwerk). Ich überlege, wo ich parken soll. [N/1]

Als »Kostprobe« hier noch einen Vortraum/Erwartungstraum des Prüfers B:

> Fabrik, wo ein großer Kessel nach langem wieder benützt werden soll. Viele Arbeiter. Von mir Bedenken, ob der Kessel explodieren wird. [B/V1]

Die Bilder des dunklen Tunnels mit ungewissem Ausgang und des Kessels, der zu explodieren droht, sprechen wohl für sich. In ihnen widerspiegeln sich Erwartung(sangst) und Unsicherheit bezüglich dessen, auf das man sich eingelassen hat. Traum N/1 sind wir geneigt, als »Initiationstraum« zu werten: Wie stelle ich mich auf die Prüfung (auf die Prüfarznei) ein? Wie begegne ich diesem »Kraftwerk« (Kraftfeld) Arznei?

Fragen, die sich aufgrund dieser Träume für uns auftun: Gibt es eine antizipierende Zu- oder Absage des Probanden an die Prüfarznei? Wird das Ausmaß an Affinität zwischen Proband und geprüfter Arznei in Vor- oder Initiationsträumen sichtbar, wenn z.B. der (Prüfungs)weg unbegehbar erscheint oder die Aktion zu gefährlich, oder die Arznei dem »lenkenden Selbst« des Träumers ganz einfach uninteressant erscheint ... ?

RHODODENDRON BISHER UND NEUE RHODODENDRON-SYMPTOME

Sieht man sich an, was bisher über Rhododendron in der Homöopathie erarbeitet worden ist, so fällt auf, daß es zwar eine Menge von Symptomen und Daten in unseren Materiae Medicae gibt, verteilt auf verschiedenste Organbereiche, die Geist/Gemüts-Ebene und auch Allgemeinsymptome, daß es aber doch immer nur einzelne, eng umgrenzte Indikationsgebiete waren bzw. sind, die zur homöopathischen Verwendung von Rhododendron führten bzw. führen, z. B. der rheumatische Formenkreis (»gichtische Diathese«), der Genitalbereich oder die Überempfindlichkeit gegenüber windigem, feuchtem Wetter.

Dies mag auch daran liegen, daß Rhododendron als zwar vielfältig, aber dennoch unzureichend geprüft gelten muß. Von den in Allen's Encyclopedia [4] angeführten 42 Quellen entsprechen nur 4 einer Arzneimittelprüfung der potenzierten Substanz (zweimal die C6, einmal die C3 und einmal die C200). Die verbleibenden 38 Quellen sind wohl eher dem phytopharmakologisch-toxischen Bereich zuzurechnen (was nicht heißen soll, daß sich daraus keine für die Homöopathie wertvollen Symptome ergeben können). Auch die von Seidel im Jahr 1831 durchgeführte Arzneimittelprüfung [102], auf die die Mehrzahl der bisher bekannten Rhododendron-Symptome zurückgeht, wurde mit der Urtinktur durchgeführt.

Andererseits führt Hering in seinen »Guiding Symptoms«« [45] eine lange Liste von »clinical authorities« an, die die positive Wirkung von Rhododendron bei den verschiedensten pathologischen Zuständen belegen.

Nach einem roten Faden, nach tieferem, ätiologischem Verständnis für die Arznei Rhododendron sucht man in allen uns vorliegenden Materia Medica-Quellen [4, 17, 22, 31, 45, 46, 55, 71, 80, 88] vergebens.

Im computerisierten Vergleich mit bisher vorhandenen Rhododendron-Rubriken (1971 an der Zahl [90]) haben wir in unserer Prüfung folgende *Sym-*

ptome bestätigt gefunden und neue Symptome (bzw. bereits bekannte Symptome mit neuen Modalitäten) entdeckt:

SYMPTOMENLISTE

Gemüt — Reizbarkeit (1): Prüfer B, G, O
Gemüt — Traurigkeit (1): O
Gemüt — Ungeduld: O
Gemüt — Traurigkeit, schlimmer durch Alleinsein: O
Kopf — Hitze: L
Kopf — Hitze, mit Hitzegefühl im Ohr: B
Kopf — Hitze — abends: E
Kopf — Hitze — nachmittags: E
Kopf — Hitze, mit Druck an den Schläfen, wie zusammengepreßt: L
Kopf — Schmerz (1): D, M
Kopf — Schmerz — mit Augenschmerzen: L
Kopf — Schmerz — Schläfen (1): L
Kopf — Schmerz — Stirn, in der (1): N
Kopf — Schmerz — Stirn — links: B
Kopf — Schmerz — berstend: L
Kopf — Schmerz — berstend — Besserung durch Druck und Reiben an Punkten an der Stirn: L
Kopf — Schmerz — drückend — Schläfen (2): F
Kopf — Schmerz — drückend — Schläfen — als ob zusammengepreßt, mit Hitze im Kopf: L
Kopf — Schmerz — dumpf (1): L
Kopf — Schmerz — dumpf — als ob in schlechter Luft: L
Kopf — Schmerz — zusammenziehend, wie gespannt, eng (1): L
Kopf — Schmerz — zusammenziehend — Stirn, hinter der: L
Kopf — Schmerz — zusammenziehend — Augen, hinter den: L
Augen — Schmerz — zusammenziehend — hinter den Augen, mit Stirnkopfschmerz: L
Ohren — Hitze — mit Hitzegefühl im Kopf: B
Ohren — Hitze — abends: B

Ohren — Hitze — als ob heiße Luft vom Rachen zu den Ohren und darüberhinaus strömte: L
Nase — Absonderung — dünn (1): L
Nase — *Absonderung* — klebrig: H
Nase — *Absonderung* — klebrig — wie Kieselsteine an trockener Schleimhaut: H
Nase — Niesen: L
Nase — Niesen — anfallsartig: J
Nase — Niesen — anfallsartig — zwischen 22 und 24 Uhr: J
Nase — Schmerz — wund schmerzend — innen (1): L
Nase — *Schmerz* — *wund schmerzend* — *innen* — links: L
Nase — Schnupfen (1): L
Nase — Trockenheit — innen (1): H
Nase — Verstopfung — eine Seite (2): N
Nase — *Verstopfung* — *eine Seite* — rechts: N
Gesicht — Pickel — schmerzhaft — Besserung durch Druck: L
Mund — Geschmack — bitter: B
Mund — Geschmack — fad: B
Mund — Speichelfluß (1): N
Mund — *Speichelfluß* — mit Übelkeit und krampfartigen Magenschmerzen: L
Mund — Trockenheit (2): H
Mund — *Trockenheit* — Gaumen: H
Mund — *Trockenheit* — Zunge: H
Mund — Sprache — unmöglich — morgens nach dem Erwachen — infolge von Gefühllosigkeit der Wangen und Lippen, bei Trockenheit von Gaumen, Zunge und Rachen: H
Hals — Kratzen — schabendes, scharrendes (2): O
Hals — Schmerz: L, O
Hals — Schmerz — links: L
Hals — Schmerz — Schlucken erschwert: G
Hals — Hitze — als ob heiße Luft vom Rachen zu den Ohren hinausströmen würde: L
Hals — Schleim — Hinterwand — zäh, gummiartig, grün, schwer lösbar — mit Husten und Würgen: H

Hals — Fremdkörpergefühl: H
Hals — Schleim — Gefühl von (3): H
Hals — Schmerz — brennend (2): O
Hals — Trockenheit: H, L
Hals — Schwellung: E
Hals — Würgen, Zusammenziehen (2): H, L
Magen — Aufstoßen (1): O (nach dem Genuß von Eiern)
Magen — flaues Gefühl (1): L
Magen — *flaues Gefühl* — Besserung durch Essen: L
Magen — Leeregefühl — vormittags: B
Magen — Schmerz — krampfartig (1): L
Magen — Übelkeit (2): D, H, L, O
Magen — *Übelkeit* — nach dem Essen: B
Magen — *Übelkeit* — Besserung durch Essen: L
Magen — *Übelkeit* — Besserung durch frische Luft: B
Magen — Sodbrennen (nach dem Genuß von Eiern): O
Magen — Schmerzen — mit vermehrtem Speichelfluß: L
Abdomen — *Schmerz* — Hypogastrium — links: N, O
Abdomen — Schmerz — Nabel — Nabelgegend (1): O
Abdomen — Schmerz — krampfartig (1): L
Abdomen — *Schmerz* — *krampfartig* — Liegen auf dem Bauch unmöglich: L
Harnröhre — Schmerz — brennend (2): D
Weibliche Genitalien — Menses — schmerzhaft (Dysmenorrhoe) (2): L (Heilungssymptom)
Weibliche Genitalien — sexuelles Verlangen gesteigert: O
Kehlkopf und Trachea — Reizung — Trachea (1): H, O
Kehlkopf und Trachea — Schleim — Trachea — Gefühl von Schleim, den er nicht hochbekommen kann (1): H
Kehlkopf und Trachea — Schmerzen — brennend: B, H
Kehlkopf und Trachea — Schmerzen — wie Splitter: H
Kehlkopf und Trachea — Stimme — heiser (2): H, O
Kehlkopf und Trachea — Trockenheit (1): H
Husten: B
Husten — morgens (6 bis 9 Uhr) (1): B
Husten — Kitzeln, durch — Trachea, in der (1): H

Husten — Kitzeln, durch — Trachea, in der — krampfhaft, würgend, erstickend — bei jeder Bewegung: H
Husten — bei jeder Bewegung: H
Husten — erstickend: H
Husten — erstickend — schlimmer bei jeder Bewegung: H
Husten — Würgen — schlimmer bei jeder Bewegung: H
Husten — krampfartig — schlimmer bei jeder Bewegung: H
Auswurf — morgens (6 bis 9 Uhr) (1): B
Auswurf — bröckelig, wie Essensrest, wie Blätter im Mund: B
Auswurf — bröckelig, wie Essensrest, wie Blätter im Mund — morgens: B
Rücken — Schmerz — Dorsalregion — Schulterblätter — zwischen den (1): L
Rücken — Schmerz — Lumbalregion (2): A (Heilungssymptom)
Rücken — *Schmerz* — *Lumbalregion* — beim Aufstehen nach Bücken: A (Heilungssymptom)
Rücken — Schmerz — stechend — Dorsalregion — erstreckt sich zur Magengrube (1): H
Rücken — *Schmerz* — *stechend* — *Dorsalregion* — *erstreckt sich zur Magengrube*, wie ein halber Ring«, schlimmer durch Husten, besser durch festes Pressen an bestimmten Punkten: H
Rücken — *Schmerz* — *ziehend* — *Dorsalregion* — zwischen den Schulterblättern: L
Extremitäten — Gefühllosigkeit, Taubheit (2): L
Extremitäten — *Gefühllosigkeit, Taubheit* — muß sich bewegen: L
Extremitäten — *Gefühllosigkeit, Taubheit* — wie eingeschlafen — Beine: linkes Bein, Fußsohle sowie linke Hüfte: L
Extremitäten — Kälte — kalte Luft — als ob kalte Luft darüberziehen würde: L
Extremitäten — Schmerz — Bewegung bessert (3): L
Extremitäten — Schmerz — Gelenke (2): L, O
Extremitäten — Schmerz — Schulter (2): O
Extremitäten — *Schmerz* — *Schulter* — links — Besserung durch starken Druck (und Wärme) an bestimmten Punkten: O
Extremitäten — Schmerz — Hüfte (1): L

Extremitäten — Schmerz — Hüfte — rechts — Besserung durch Bewegung: L

Extremitäten — Schmerz — stechend (1): L
Extremitäten — Schmerz — stechend — Gelenke (2): L
Extremitäten — Schmerz — stechend — Gelenke — wie von einem abprallenden Nagel — Besserung durch Bewegung: L
Extremitäten — Schmerz — Hüfte — stechend — rechts — wie von einem abprallenden Nagel: L
Träume — Alpträume, Alpdrücken (1): E, J, L, N, O
Träume — erotisch (1): G, L, N, O
Träume — erschöpfend (1): G
Träume — schrecklich (1): B, L, N
Träume — viele (2): B, G
Frost — Frösteln — 11 bis 11 Uhr 30: N
Frost — Schüttelfrost — 11 bis 11 Uhr 30: N
Schweiß (1): P
Allgemeines — Druck an bestimmten Punkten bessert: H, L, O
Allgemeines — Hitze - Gefühl von (1): L, P
Allgemeines — Hitze — Lebenswärme, Mangel an (2): N, O
Allgemeines — Hitze — Lebenswärme, Mangel an — 11 bis 11 Uhr 30: N
Allgemeines — Luft — Freien, im — Verlangen nach Aufenthalt im (1): L
Allgemeines — Müdigkeit (2): E
Allgemeines — Müdigkeit — nachmittags: B
Allgemeines — Schmerz — brennend — innerlich (2): G, H, O
Allgemeines — Schmerz — Nagel, wie von einem abprallenden: L
Allgemeines — Schmerz — stechend — innerlich (1): L
Allgemeines — Schwäche (1): B, L
Allgemeines — Schwäche — nachmittags: B
Allgemeines — Seite — links (2): L, O
Allgemeines — Seite — rechts (2): L, N
Allgemeines — Speisen und Getränke — Süßes — Verlangen: P
Allgemeines — Wärme — Einhüllen, warmes bessert (1): O
Allgemeines — Zittern — innerlich: L

Besonderes Augenmerk sei auf die bisher noch nicht bekannte, in unserer Prüfung jedoch von drei Prüfern an verschiedenen Lokalisationen beschriebene Schmerzmodalität »Druck an bestimmten Punkten bessert« gerichtet! Es fällt auch auf, daß unsere (männlichen) Prüfer nicht mit Symptomen aus dem Bereich des Genitaltrakts reagierten.

Diese lange Symptomenliste mag zu Nachträgen im Repertorium führen — besonders dann, wenn es sich um bei mehreren Prüfern aufgetretene Symptome handelt. Wie bei Berberis haben wir nur die nach unserer Prüferfahrung als »zuverlässig« zu bezeichnenden Symptome in diese Liste aufgenommen.

DIE VÄTER VON RHODODENDRON — TRAUMAUSWAHL UND HYPOTHESE

Bevor wir uns dem eigentlichen Kernthema zuwenden, wollen wir kurz unsere Vorgehensweise bei der Evaluierung unserer ProbandInnenträume beschreiben:

Diesmal ermittelten wir die besten »ResponderInnen« nach einem Punktesystem. Körperliche und psychische Symptome und Reaktionen auf der Traumebene sowie Heilwirkungen wurden dabei gesondert beurteilt.[1] Von sechs möglichen Punkten erhielt Prüferin O 6 Punkte, die Prüfer B und G jeweils 4 sowie der Prüferin J 3 Punkte. Die Erfahrungen dieser vier Prüfer, die alle auf der Traumebene deutlich reagiert hatten, bildeten die Grundlage für unsere Entwicklung der Rhododendron-Traumbotschaft.

---

[1] Als Reaktion auf der Traumebene gilt für uns — wie auch bei Berberis — das Erinnern von Träumen, die vom üblichen Traummuster des Träumers (Probanden) deutlich abweichen, so wie dies im übrigen auch für jedes körperliche oder psychische Symptom einer homöopathischen Arzneimittelprüfung gilt. Heilwirkungen im körperlichen oder psychischen Bereich betreffen das Verschwinden oder eine deutliche Besserung von bestehenden oder bekannten Symptomen. Heilwirkungen im Traumbereich haben wir dort festgestellt, wo sich bisher bekannte konflikthafte Traummuster in prognostisch günstiger Weise veränderten oder auflösten.

Auffallend im Hinblick auf unsere in der Folge beschriebene Hypothese ist, daß drei der vier ausgewählten PrüferInnen ihren Vater bereits verloren hatten — (O) mit 16, (B) mit 25 und (J) im Alter von 34 Jahren. Eine weitere Prüferin (L), die besonders stark auf der körperlichen Ebene auf die Prüfsubstanz reagierte, hatte den Verlust ihres Vaters mit 14 Jahren erlebt. Drei dieser vier erstausgewählten ProbandInnen (siehe die folgende Auflistung) reagierten auf der Traumebene mit einem prognostisch positiven Wandel der Traummotive, den wir als Heilungsreaktion werten.

Prüfer/Prüferin	somat.	psych. u. sex.	Traum-	Symptome
A 39 a, w	+(H)	-	+	
B 31 a, m	+	+	++(H)	
C 38 a, m	-	-	+/-	
E 24 a, w	-	-	?	
G 24 a, m	+	+	++(H)	
H 34 a, w	++	?	?	
J 37 a, w	+	-	++	
L 29 a, w	++(H)	-	?	
M 30 a, m	-	-	-	
N 29 a, m	+	-	?	
O 36 a, w	++	++(H)	++(H)	
P 23 a, w	+	-	?	

++   starke-
+   schwache -
-   keine -
?   unklare bzw. fragliche Reaktion auf die Prüfarznei
(H)   als Heilungsreaktion anzusehen

Traumauswahl — Prüferin O

> Ich fahre mit meiner Mutter und Schwester in kleinen Wagerln in einer Höhle, durch enge Gänge (Grabkammern?). Überall brennen kleine Teelichter. Wir reden nichts zusammen, wir schweigen und sind traurig. Es ist sehr leise. Meine Mutter weint, weil ich sie nicht so lieben kann, sie meint, ich bin ein schwieriges Kind.« [O/1]

Wer ist gestorben? (O) fällt dazu spontan nichts ein. Könnte es ihr Vater sein, der tatsächlich verstorben ist, als (O) 16 Jahre alt war? — Diese Anregung erscheint (O) in der Traum-Aufarbeitung überraschend, aber sehr stimmig. Bisher war sie in ihren Träumen ihrem Vater oft begegnet, der ihr immer versicherte, daß er noch lebendig sei, nur woanders wohne, weil er sich mit ihrer Mutter nicht verstanden habe. Erstmals entspricht das Traumbild der Realität und könnte nun zu notwendiger »Trauerarbeit« führen.

Die Bearbeitung dieses Arzneitraums läßt bei (O) eine uralte Trauer hochkommen, die lange zurückgehalten worden ist. (O) ist ihrem Vater ähnlich, wofür sie sich schuldig fühlt, da ihr ihre Mutter diese Ähnlichkeit oft zum Vorwurf macht. Ihr Vater wäre eine Stütze für ihr Selbstbewußtsein gewesen. Sie fühlt sich auch schuldig, daß sie ihre Mutter nicht so lieben kann, wie sie »sollte«. Das Begräbnis ihres Vaters ist in gewisser Weise auch ihr eigenes gewesen: das Begräbnis ihrer väterlichen Anteile, zu denen sich zu bekennen im Angesicht der Mutter schwer fiel.

Diesem Traum billigen wir Heilungsqualität zu, da es etwas Verdrängtes, Erstarrtes, im Schatten Liegendes ans Licht des Bewußtseins hebt, und über den neuen Schmerz einer alten Trauer blockierte Lebensenergie zum Fließen bringt. Dafür spricht auch das ab dem dritten Tag im Protokoll (O)s vermerkte »sehr gesteigerte sexuelle Verlangen«, das sie erfreut wahrnimmt.

Traumauswahl — Prüfer G

> Wir sitzen in einem Gasthaus und schauen den anderen beim Essen zu. Man erklärt mir, daß Fleisch so gesund sei und Gemüse so ungesund. Mein Vater ist auch da und stellt sich (wie auch normal üblich) mit einem breiten Grinsen gegen mich und gibt meinen Gegnern recht. Er ist von einem Typen, der sehr von sich eingenommen ist, so begeistert und küßt auf einmal dessen Oberarm. Ich bin darüber ziemlich

angefressen, daß er jedem Dahergelaufenen sofort volle Sympathie entgegenbringt und ich immer nur der Trottel bin (wie es auch wirklich ist). [G/2]

Ich haste mit meinem Vater durch eine moderne, aber etwas heruntergekommene Großstadt. Dabei erfährt mein Vater in den vielen Auslagen, daß ich mittlerweile ein recht guter Kletterer bin, bei Wettkämpfen recht erfolgreich und eigentlich viel besser als viele bekannte Kletterhelden. Er fragt mich ganz gegen seine Gewohnheiten, wo ich denn den ganzen Sommer war und ob ich wirklich schon gut klettere. Ich freue mich über die Gelegenheit, ihm einmal meine vielen Klettereien dieses Sommers zu erzählen. Ich rede über Italien, vom Gardasee, vom tragischen Tod eines bekannten Bergführers, von den Wettkämpfen, bei denen ich gut abgeschnitten habe. Ich habe das Gefühl, er scheint mich doch auf einmal mehr zu respektieren. [G/3]

Tatsächlich fühlt sich (G.) von seinem Vater geringgeschätzt und leidet unter dieser Tatsache. Der »Traumvater« wandelt sich von einem, der dem Fleische huldigt und den Sohn verachtet (G/2), zu einem, der seinen Sohn plötzlich anerkennt und wertschätzt (G/3). Vielleicht kann in weiterer Folge auch der Sohn die »Freuden des Fleisches« schätzen, weil die Achtung und das Verständnis des Vaters für den Sohn im Sohn Achtung und Verständnis für das Väterliche, Männliche möglich machen?

Traumauswahl — Prüfer B

Ein Einbrecher kommt ins Haus, verfolgt mich bis in den Keller, wo ich ihn schon mit einem baseballschlägerartigen Holz erwarte. Dann schlage ich auf ihn ein. (Zorn) [B/1]

Verfolgung durch einen Einbrecher im Haus. Am Schluß ersteche ich lustvoll den Einbrecher. [B/2]

Prüfer B erinnert sich an nur sehr wenige Träume vor der Arzneimittelprüfung und registriert überrascht, während der Arzneimittelprüfung relativ viel geträumt zu haben. Er ist schockiert darüber, daß er im zweiten Traum den Einbrecher »mit Genuß, mit einem großen Küchenmesser kreuz und quer« (Zitat aus der Traumbesprechung) erstochen hat. Er, der normalerweise bestenfalls gereizt, aber nie wütend wird, begegnet im Traum seinen aggressiven Potentialen und damit gleichzeitig seiner Entschlußkraft, seinem Mut und sei-

ner Wehrhaftigkeit: Eigenschaften, die ihm in seinem normalen Alltag nicht im gewünschten Ausmaß zur Verfügung stehen. — vielleicht in Ermangelung eines männlich-väterlichen Vorbilds.

Die Biographie von Roland B. enthält klare Hinweise auf eine fehlende Loslösung von der Mutter. B. hat unter Rhododendron im Traum einen Schritt heraus aus einer lähmenden Hilflosigkeit getan. (siehe das entsprechende Traumzitat!).

Auch bei Prüfer G. ist aus den Träumen ersichtlich, daß die Hinwendung zum Vater, bzw. die Hinwendung des Vaters zum Sohn sich gerade erst anbahnt.

Der Vater des Prüfers B ist verstorben, als er 25 Jahre alt war. Zu Lebzeiten war der Vater neben einer starken, dominierenden Mutter im Hintergrund geblieben, und er konnte nie eine enge Beziehung zu seinem Vater entwickeln.

Nebenbemerkung: Dieser Proband erinnert sich dunkel daran, früher einmal ähnliche Träume geträumt zu haben, — »aber sicherlich mit einem anderen Ende«, wie er betont.

Es ist zwar keine echte Lösung, wenn etwas »Hereinbrechendes« (laut Whitmont ein neuer Impuls, der integriert werden will) umgebracht werden muß, kann aber doch als ein nächster Schritt betrachtet werden, der herausführt aus einer hilflos und wehrlos erlebten Bedrohung.

Traumauswahl — Prüferin J

Ich bin in einem Ort mit viel Schnee. Um mich herum sind viele Menschen, die ich alle nicht kenne. Wir sind im Freien. Es herrscht eine lustige Stimmung. Wir müssen irgendwo hinfahren. Wir steigen ins Auto ein, es sind mindestens 6 oder 7 Personen. Ich fahre. Während des Fahrens ist es plötzlich kein richtiges Auto mehr, es ist alles offen. Wir fahren einen Berg hinunter, und ich habe Angst, nicht bremsen zu können. Wir werden immer schneller. Das Auto hat auch keinen Boden mehr, und ich bremse mit den Füßen wie beim Rodeln. Dann bin ich erwacht. [J/1]

Ich fahre mit meinem Sohn im Zug. Es ist sehr voll. Es sind viele Menschen um uns herum. Wir gehen durch den ganzen Zug. Die Ausstiege sind ähnlich Plattformen, die offen sind. Ich weiß eigentlich nicht, wohin ich fahre. Mein Sohn muß aufs Klo, dieses ist nicht im Zug. Er muß bis zur nächsten Haltestelle warten. Er steigt aus, und ich habe

Angst, daß er nicht mehr rechtzeitig zur Weiterfahrt des Zuges zurückkommt. [J/2]

Ich treffe eine Freundin. Plötzlich ist nicht mehr sie neben mir, sondern ihr Freund, dessen Frau und die zwei Söhne. Wir sind auf einem parkähnlichen Platz, ich kann mich an grüne Sträucher erinnern. Sie sind alle sehr deprimiert und weinen. Ich frage, was los sei. Sie erzählen mir, daß er (der Vater) nur mehr drei Monate zu leben hätte. Es sei ein CT gemacht worden, und sein Körper sei voller Metastasen. Er selbst ist eigentlich nicht so traurig. Ich bin entsetzt und weiß nicht, wie ich diese Menschen trösten kann. Ich überlege auch, daß ich dies auch seiner Freundin erzählen müßte. [J/3]²

Ich halte in beiden Händen längliche Gegenstände, die mußte ich eine Stiege hinaufbringen. Die Stiege war eine Wendeltreppe, ähnlich aufgebaut wie eine Strickleiter, die Stufen waren schmale Holzbretter, die an der Seite mit Seilen verbunden waren. Diese Treppe schwebte frei im Raum. Ich traute mich nicht, stehend zu gehen, ich kroch auf allen vieren hinauf. Dies mußte ich zweimal machen, weiß aber nicht, wie ich wieder hinunterkam. [J/4]

Die Träume zeigen Angst vor Kontrollverlust oder tatsächlichen Mangel an Kontrolle, Angst vor dem Verlust des sicheren Bodens, mangelnden Schutz und Halt, Angst und Unsicherheit, die eigenen Kräfte bewußt und zielgerichtet zu verwenden. Etwas Väterliches ist im Sterben. Tatsächlich ist auch der Vater (J)s verstorben. Im Vorprotokoll erzählte sie uns von Träumen, die sich wiederholten, in denen ihr verstorbener Vater wieder lebte, wobei sie jedes Mal ein großes Glücksgefühl empfunden hatte.

Hypothese

Ob nun »Zufall«, Synchronizität im Sinne C.G.Jungs oder eine die Wirklichkeit der Rhododendron-Arznei verzerrende Zusammensetzung der Prüfer zu unserer Hypothese geführt hat, kann erst die zukünftige Praxis endgültig be-

---

[2.]Nachdem sie diesen Traum geträumt hatte, rief Probandin J bei der betreffenden Freundin des im Traum krebskranken Mannes an, aus Angst, daß dieser Traum wahr sein könnte ...

urteilen. Offensichtlich war Rhododendron bei keinem unserer Prüfer, die mit Heilungssymptomen reagierten, das Simillimum, bestenfalls ein brauchbares Simile. Die Prüfungsreaktionen lassen jedoch vorsichtige Rückschlüsse zu, bei welcher Art von Konflikten Rhododendron-Pathologien entstehen können und wo Rhododendron als heilende Arznei angezeigt sein könnte.

Wir postulieren, daß *fehlende väterliche Achtung und Stütze* zur Rhododendron-Symptomatik führen können. Nur ein anwesender Vater kann stützen, kann Wertschätzung und Anerkennung vermitteln. In unserer Zeit der alleinerziehenden Mütter und durch berufliche Ambitionen abwesenden Väter scheint dieses Thema sehr brisant zu sein.

Von ihren Müttern verwöhnte, als Partnerersatz mißbrauchte Söhne scheitern oft an der Mann-Werdung [15, 53, 119]. Wer sollte ihnen auch als Vorbild dienen? Als Jünglinge oder Geliebte, nicht aber als Männer, orientieren sie sich zeitlebens an der Frauenwelt, aus deren Umgarnung sie sich aus Gewohnheit, Bequemlichkeit und Angst vor dem Mannsein, das sie nicht kennen, nicht zu lösen vermögen. Und das wiederum kann Quelle des Zorns und der Ambivalenz gegenüber Frauen werden.

Die Lösung von der Mutter und Hinorientierung zu einem starken, sich selbst achtenden Vater scheint bei Rhododendron-Patienten unterbrochen zu sein.

Der sich selbst mißachtende Vater mißachtet den Sohn besonders dann, wenn dieser seine, des Vaters, verdrängten und »schwachen« Anteile — einem Spiegelbild gleich — zeigt.

Durch Verlust, Abwesenheit oder Verdrängung des Vaters zu sehr an die Mutter gebundene Söhne und Töchter können ihre Versuche, sich von der Mutter zu lösen, schuldhaft erleben, so als würden sie die Mutter und deren Erwartungen verraten (Probanden B, G, O).

Es überrascht nicht, daß beim Mann der Hoden diesen Konflikt auszutragen neigt (siehe *Rhododendron bei Patienten mit Hodentumoren*). Es überrascht auch nicht, daß die Gelenke, die Extremitäten, deren Funktionen das Zupacken, das Geben und Nehmen, das zielgerichtete Auf-etwas-Hingehen und Von-etwas-Weggehen sind, beim Rhododendron-Patienten besonders betroffen sein können. Und die Sehnen und Bänder sind es, die im Zusammenwirken mit dem Knochengerüst Halt, Struktur und Stabilität — also »väterliche« Qualitäten — verleihen. In all diesen Indikationen ist uns Rhododendron tatsächlich auch bestens bekannt.

Vielleicht entspricht die von Rhododendron bekannte »Furcht vor einem Gewitter« der »Angst vor dem Vater«? Etwas anders dürfte sich der fehlende oder verdrängte Vater bei Mädchen und Frauen auswirken. Zum Frau-Werden bedarf es in erster Linie der Mutter, der Orientierung am Weiblichen. Väterlicher Schutz, väterliche Stütze, Anerkennung von Wert und Leistung durch den Vater ermöglichen auch bei Frauen eine bessere Orientierungsfähigkeit in der äußeren Welt, ein größeres Vertrauen in die eigene Tat- und Entschlußkraft, ein aktiveres Gestalten des eigenen Lebens.

In Übereinstimmung mit dieser Hypothese vom schwierigen Mannwerden und leichteren Frauwerden könnte man die viel selteneren Rhododendron-Probleme im weiblichen Genitalbereich sehen: Die diesbezüglichen Rubriken der bisher bekannten Rhododendron-Pathologie bei Männern umfassen 96 Symptome, — bei Frauen lediglich 27.[90] Leider ließ sich dieser aus der konventionellen Literatur bekannte geschlechtsspezifische »Trend« durch unsere Arzneimittelprüfung — wie bereits erwähnt — nicht bestätigen.

Zur Abrundung und Unterstreichung des Rhododendron-Themas bei Frauen sei noch ein Traum der Prüferin A zitiert, der dieser von ihrem üblichen Traummuster stark abweichend und fremd erschien.

> Ich bin von meinem Vater verstoßen worden. Meine Schwester Karin lebt bei ihm, und er läßt sich von ihr umsorgen und beschenken. Meine Mutter (seine Frau) ist schon tot. Er lebt mit einer Freundin dort. Mein Freund überredet mich hinzufahren, — vielleicht nimmt er mich doch wieder freundlich auf. Ich bin aufgeregt. Ich habe schwarze Haare und schwarze Augen (in Wirklichkeit bin ich blond). Mein Vater hat Multiple Sklerose, geht aber ganz gut, kommt mir entgegen, auch er ist ganz schwarz (in Wirklichkeit hellhaarig). Er breitet die Arme aus und umarmt mich. Ich weine. Dann sitzen wir alle und schauen Fotos an. Sein Hund ist am Neujahrstag gestorben. Mein Freund sagt: »Dann wird er einen von unseren jungen kriegen.«

Hier sehen wir den verstoßenden Vater als Extremvariante von Nichtachten und Nichtstützen und entdecken Versöhnung mit dem in seiner Vitalität erstarrten, bewe-

gungseingeschränkten Väterlichen, das auch deshalb gar nicht Stütze bieten kann, weil es selbst der Hilfe bedarf. Der junge Hund könnte neue Vitalität ankündigen.

»Aufstellung« der Arzneiträume

Die Wiener Psychotherapeutin Christl Lieben, deren besonderer Schwerpunkt die Arbeit mit Träumen ist, schenkte uns einen ganzen Tag, an dem wir gemeinsam mit unseren Prüfern versuchten, durch »Aufstellen« unserer Träume der Arzneibotschaft näherzukommen.

Das »Aufstellen« von familiären Strukturen ist bekannt aus der Systemischen Familientherapie, wobei ein Teilnehmer aus einer Gruppe verschiedene andere Gruppenmitglieder zur Darstellung des inneren Bildes seiner Herkunftsfamilie auswählt und sie intuitiv in bestimmten Positionen zueinander räumlich aufstellt. Was jeder einzelne an der ihm zugedachten Position empfindet, leitet den Systemtherapeuten, Veränderungen vorzunehmen, die im Idealfall in ein Lösungsbild einmünden, in dem jedes Mitglied des Systems gewürdigt wird und sich wohlfühlt. Christl Lieben hat diesen Ansatz für ihre Arbeit mit Träumen weiterentwickelt und läßt vom Träumer einzelne Elemente seines Traums durch Mitglieder einer Gruppe zu einem »Traumbild« stellen. Was jeder einzelne wiederum in seiner Traumpositionsrolle empfindet, hilft dem Träumer und dem Therapeuten dabei, die Traumbotschaft erfahrbar zu machen und sie therapeutisch zu nutzen.

Neugierig und experimentierfreudig versuchten wir also, ausgewählte Arzneiprüfungsträume zu stellen, und dabei der (noch unbekannten) Arznei auch eine Position zu geben. Es zeigte sich klar und eindeutig, daß die Personen, welche für die unbekannte Arznei ausgewählt worden waren, den jeweils nächsten therapeutischen Schritt zur Lösung der Traumsituation anregten. Wir konnten also keine *arzneispezifische* Botschaft ermitteln, sondern stellten fest, daß jeweils der »innere« Therapeut des Träumers aus der Arzneiposition sprach. Das war äußerst spannend, für den einzelnen Träumer oft sehr hilfreich, für unser Anliegen, der spezifischen »Essenz« einer Arznei näherzukommen, jedoch leider nicht fruchtbringend.

Knapp vor dem Ende unseres Traumaufstellungsexperiments wurde die bis dahin unseren ProbandInnen nicht bekannte Arznei »aufgedeckt« und war somit — in gewissem Sinn auch als »Belohnung« für bisher geleistete Arbeit

— in der Schlußrunde präsent und für weiterführende Assoziationen nutzbar. Wir, die Prüfungsleiter, hatten uns diesmal unsere Prüfarznei einen Schritt zuvor, nachdem wir einen Großteil unserer Auswertungsarbeit der ProbandInnenträume hinter uns gebracht hatten, bekanntgemacht.

NEU IM REPERTORIUM

Ein Traummotiv ist *mangelnde Wertschätzung durch den Vater*: der Vater fällt dem Sohn in Gegenwart anderer in den Rücken, er achtet ihn nur, wenn er durch Höchstleistungen seine Männlichkeit unter Beweis stellt. Der Vater verstößt die eine Tochter und läßt sich von der anderen »umsorgen und beschenken«. Auch hier wieder das Leistungsprinzip: Nur die Tochter, die etwas für ihn tut, wird vom Vater anerkannt.

In beiden Träumen erscheint der Vater zugleich *schwach*: er läßt sich überzeugen, daß Fleisch gesünder sei als Gemüse, küßt einen Typen, »der sehr von sich eingenommen ist, auf den Oberarm«, wobei er die Achtung seines Sohnes verliert; er leidet an einer Krankheit, die ihn nach und nach immer hilfloser und pflegebedürftiger macht (Multiple Sklerose). In einem weiteren Traum kommt ein krebskranker Vater vor.

Weitere Traumreihen handeln von *Angst vor Kontrollverlust* und vom unkontrollierten Ausleben von Aggressionen. Das Auto wird zum Schlitten, der mit den Füßen gestoppt werden muß, die Wendeltreppe schwebt frei im Raum, der Sohn steigt aus dem Zug aus und der Zug droht abzufahren, bevor dieser zurückkommt; ein Einbrecher wird genüßlich erstochen: im Traum werden Emotionen ausgelebt, die im Wachzustand verleugnet werden.

Beschämt- und Bloßgestelltwerden, Anerkennung nur aufgrund von Leistungen und nicht um ihrer selbst willen, das sind die Themen, die das Verhältnis vieler Menschen zu ihrem Vater nachhaltig prägen. In vielen Fällen war der Vater, auch wenn er noch lebte, häufig abwesend; seine Rolle in der Familie beschränkte sich auf die einer Kontroll-, Droh- und Strafinstanz. Später, mit zunehmender Ablösung, werden die Schwächen des Vaters offenbar; das Kind erkennt, daß der Vater aus Schwäche und Hilflosigkeit, nicht aus Stärke, den Despoten hervorgekehrt hat. Wenn der Vater den Sohn mißachtet, dann deshalb, weil der Sohn das sein soll, was der Vater nie zu sein vermochte. Im Sohn erkennt der Vater die eigenen verhaßten Schwächen wieder, deshalb wendet er sich von ihm, dem pazifistischen Vegetarier, ab und den vermeintlich stärkeren »Fleischfressern« zu. Um dem Vater schließlich zu imponieren, muß der Sohn hoch hinaus, unter Einsatz seines Lebens zum »Kletterhelden« werden; erst wenn ihm das gelingt, bekommt er die langersehnte väterliche Anerkennung, von der er sich noch als Erwachsener nicht gelöst hat. (Daher ist der letzte Traum des Probanden G m. E. nicht so eindeutig ein Heilungstraum.)

Auch hemmungslose Aggression und Angst vor Kontrollverlust können mit dem Vaterthema in Zusammenhang stehen, wobei beide Empfindungen Kehrseiten derselben Medaille sind: unterdrückte Aggression kann die Angst auslösen, sich hinreißen zu lassen, die Kontrolle über sich selbst, den Boden unter den Füßen zu verlieren. Im hemmungslosen Ausleben der Aggression ist das Befürchtete schon geschehen, das aufgestaute Gefühl entlädt sich in einem lustvollen Akt der Befreiung, der natürlich im nachhinein Befremdung und Entsetzen hervorruft: wie konnte ich, ein sonst so friedfertiger Mensch, so etwas tun?

Vielleicht ist es wichtig zu erwähnen, daß selbstverständlich nicht *jeder* fehlende oder mißachtende Vater zu den beschriebenen Konfliktkonstellationen (und schon gar nicht immer zu Rhododendron) führen muß.

Wiederum ist es gewagt, aus der bisher dargelegten Hypothese bereits repertoriumsgerechte Rubriken abzuleiten und zu formulieren. Die Forderung, Prüfungssymptome zuerst einer klinischen Verifikation (oder Falsifikation) zu unterziehen, bevor ein Eintrag im Repertorium erfolgen darf, besteht zu Recht.[3] Anderseits aber leiden viele Homöopathen darunter, neugeprüfte Arzneien zu »übersehen« und nicht zu verordnen, wenn sie nicht durch einen Hinweis in einer Rubrik an dieses Mittel erinnert werden.

Eine bloße Auflistung der bisher bekannten Geist-Gemütssymptome, z. B. per Ausdruck im Computer, ergibt zwar eine Reihe von Symptomen, jedoch kein Verständnis der Arznei, keinen Symptomenkontext, keinen »roten Faden«. Auch bei Rhododendron ist dies nicht anders: »Alkoholismus«, »Delirium«, »Betäubung« und »Bewußtlosigkeit« springen zwar ins Auge (und sind bestenfalls über die Toxikologie zu verstehen), sind aber unseres Erach-

---

[3] In den drei auf die Rhododendron-Arzneiprüfung folgenden Praxisjahren konnten die meisten der hier vorgeschlagenen Rubriken an verschiedenen Patienten bestätigt werden.

tens erst jetzt vor dem Hintergrund einer suchtfördernden Familienkonstellation verstehbar.

Aus unserem Verständnis der Rhododendron-Träume und der Begleitumstände der ProbandInnen ergibt sich ein »Symptomengebäude«, bei dem die grundlegenden (ätiologischen) Symptome das Fundament bilden und sich daraus ableitende Symptome an der Spitze stehen. Wiederum steht (N) für ein neu in das Repertorium aufzunehmendes Symptom.

Unentschlossenheit

Unsicherheit

Schüchternheit

Nachgiebigkeit

Mangel an Selbstvertrauen
hält sich für einen Versager
Furcht vor äußeren Einflüssen, — vor Neuem, — vor Herausforderung
Furcht zu fallen
— , die Kontrolle zu verlieren
Furcht vor Impotenz

Furcht vor Versagen, vor Mißerfolg
Wahnidee, er wird verachtet; - , er wird ausgelacht
Verächtlich gegenüber sich selbst

Furcht vor dem Vater (N)
Beschwerden durch
    Tod des Vaters (N)
    Verachtung (durch den Vater) (N)
    Unterdrückung/Verleugnung eigener väterlicher Anteile (N)

Aufgrund der Affinität von Rhododendron zu den männlichen Genitalien schlagen wir weiterhin vor:

Entwicklungshemmung

Späte Pubertät (N)

Symptome wie »Unentschlossenheit«, »Mangel an Selbstvertrauen« usw. formulieren wir deshalb, weil sie als Grundthema vieler Träume deutlich werden und auch Tendenzen unserer am deutlichsten auf die Arznei ansprechenden Probanden sind.

Wir wollen aber davor warnen, dieses von uns vorgeschlagene Bild zu einer Bedingung, zu einem »Klischee« werden zu lassen. Da dies erfahrungsgemäß häufig geschieht, sei noch einmal auf die Notwendigkeit hingewiesen, sich von solchen präjudizierenden Vorstellungsbildern auch wieder freimachen zu können, nicht nur dem Patienten, sondern auch der Arznei gegenüber unvoreingenommen zu bleiben, um möglichst nicht jenen Rhododendron-Patienten zu übersehen, der eines Tages in die Praxis kommen wird und vielleicht genau den nicht erwarteten, hier nur theoretisch ableitbaren »Anti-Typ« unseres Rhododendron darstellt ...

Mit der vorgeschlagenen Rubrik »Furcht vor äußeren Einflüssen, vor Neuem, vor Herausforderung« tritt Rhododendron in die unmittelbare Nähe von *Calcium carbonicum* (siehe das Kapitel »Differentialdiagnose«). Nach der bisherigen Lesart von Rhododendron manifestiert sich diese Angst als »Furcht vor Gewittern« oder »Furcht vor Annäherung anderer« oder »Furcht vor Annäherung anderer, er könnte berührt werden« (letzteres nach einer Angabe von Pierre Schmidt). Wir meinen, daß diese Thematik gut durch das Fehlen väterlichen Rückhalts oder durch einen angstmachenden Vater erklärbar ist.

Die vorgeschlagene Rubrik »Verächtlich gegenüber sich selbst« leiten wir insbesondere aus der Traumthematik der Prüferin O ab, die auf der Suche nach dem verschollenen (unterdrückten?) Vater ihre eigenen väterlichen Anteile verdrängt und verleugnet — vielleicht wegen Schuldgefühlen gegenüber der Mutter? Vielleicht ist diese Selbstverachtung sogar besser abzuleiten aus der Verachtung des Traumvaters gegenüber dem Sohn? Der Vater als Anteil seiner selbst?

»Entwicklungshemmung« konstruieren wir aus schon bekannten Rhododendron-Organsymptomen (der Hoden — siehe später!), dem postulierten fehlenden väterlichen Entwicklungsimpuls und unseren ersten Erfahrungen am Patienten, die in einem späteren Kapitel wiedergegeben werden.

Zur Abrundung des Charakterbilds von Rhododendron wollen wir noch die besondere *Empfindlichkeit* im Wesen dieser Arznei hervorheben. So wie dies auch für den Standort der Pflanze Rhododendron gilt (näheres hierzu im nächsten Kapitel!), finden wir auch im bisher bekannten Bild Symptome, die auf eine solche Empfindlichkeit hinweisen, wie z. B. die ausgesprochene Wetterfühligkeit (»Beschwerden bei einem heranziehenden Gewitter«) und die schon zitierte Berührungsempfindlichkeit (»Furcht, er könnte berührt werden«, »Verschlimmerung durch Berührung«). Andererseits finden wir im Repertorium auch die Rubriken »Mangel an Reaktion«, »Mangel an körperlicher Reizbarkeit; Unempfindlichkeit« und »Mangel an Empfindlichkeit«, und auch die parästhetischen, oder besser gesagt hypästhetischen Symptome (»Gefühllosigkeit, Taubheit der Extremitäten« ...) — eine Bipolarität, wie sie von manchen Autoren für die Vollständigkeit einer homöopathischen Arzneimittelprüfung sogar gefordert wird. [80, 104]

VOM GIFTIGEN HONIG DER »SCHÖNEN PEST«

Die meisten von uns kennen verschiedene Rhododendronarten und -hybriden als Ziersträucher mit eindrucksvoll gefärbten Blüten unserer Gärten (rhodon: Rose, dendron: Baum = »Rosenbaum«) [37]. Ca. 805 Rhododendron-Arten repräsentieren die größte Gattung der Heidekrautgewächse (Ericaceae), die auch andere homöopathisch verwendete Pflanzen beinhaltet (Kalmia latifolia, Ledum palustre, Uva ursi, Chimaphila, Gaultheria, ...).

»Unser« Rhododendron, Rhododendron chrysanthum (auch fälschlich als »Rhododendron chrysanthemum« bezeichnet), ist eine bescheidene, nicht so prächtig wachsende, gelbblühende, wilde Rhododendronform, die nur selten in Gärten zu sehen ist und außerhalb der regenreichen Gebirge Nordasiens vor allem in Südengland (auch verwildert) vorkommt. Zur Bereitung der homöopathischen Urtinktur werden die frischen, beblätterten Zweige verwendet.[4]

Bemerkenswert erscheint die schwierige Kultivierbarkeit von Rhododendron. Alle Rhododendren sind empfindlich und anspruchsvoll, was den (kalkarmen, sauren) Boden anbelangt (vgl. hierzu die trotz ihrer Beliebtheit als Zimmerpflanze selten mehr als eine Saison überlebende Azalee). Unter gün-

---

[4] Bei Clarke [22] und Allen [4] findet sich die Angabe, daß nur die Blätter zur Herstellung verwendet werden.

stigen Lebensbedingungen, wozu auch ein hoher Feuchtigkeitsgehalt der Luft gehört, wächst, wuchert, ufert Rhododendron jedoch aus, was dazu führt, daß Rhododendron ponticum in bestimmten Regionen Großbritanniens (z. B. in Wales) als »schöne Pest« bezeichnet wird, die dort bodenständige Flora prachtvoll verdrängt hat und kaum auszurotten ist.

Der früher gebräuchliche Name »Gichtrose« zeugt von der volksmedizinischen Anwendung als »Rheumamittel«. Auch in Hahnemanns Apothekerlexikon [42] wird Rhododendron in diesem Zusammenhang erwähnt, jedoch nicht im homöopathischen Sinn, sondern als alkoholische Tinktur, die Hahnemann allerdings in allmählich ansteigenden Gaben empfiehlt. Darüber hinaus war auch der offizielle Gebrauch Rhododendrons als Diureticum und Diaphoreticum bekannt. Auch Hufeland setzte die Pflanze gegen die »chronische Gicht« ein. In der »kritisch-naturwissenschaftlichen« Epoche der Homöopathie unseres Jahrhunderts beschreibt A. Stiegele (zitiert in der Gesichteten Arzneimittellehre J. Mezgers [80]) die erfolgreiche Anwendung der Rhododendron-Urtinktur bei der Behandlung rheumatischer Beschwerden.

Auffallend ist die in der Vergiftung sich entfaltende Eigenschaft des Rhododendron, betäubend[5] und vagoton-kollaptisch auf den Kreislauf zu wirken. Von der Antike bis heute [2] gibt es Berichte über die Auswirkungen giftigen Honigs, der durch Rhododendron-Nektar entstehen kann. In der Leeserschen Arzneimittellehre [71] findet sich ein antikes Zitat Xenophons, das von der Wirkung eines Rhododendronhonigs berichtet, den griechische Soldaten in der Nähe von Trapezunt am Pontos Euxinos zu sich genommen hatten:

> Da waren viele Bienenschwärme, und die Soldaten, welche von dem Honig aßen, verloren sämtlich die Sinne, erbrachen und bekamen Durchfall, und keiner von ihnen war fähig, aufrecht zu stehen. Die, welche viel gegessen hatten, waren wie Wahnsinnige und manche sogar wie Sterbende. So lagen viele danieder, als ob eine wilde Flucht stattgefunden hätte, und es herrschte große Mutlosigkeit. Es starb jedoch niemand, am folgenden Tage aber um die gleiche Stunde kamen sie wieder zu Sinnen. Am dritten und vierten Tage standen sie auf, gleich als ob sie Arznei genommen hätten.

[5.] Clarke [22] spricht von »narkotischen Eigenschaften«.

Rhododendron (und Kalmia) werden in ihrer Heimat auch als Fischgift verwendet; Wiederkäuer erleiden toxische Symptome des Verdauungstrakts nach dem Verzehr von Rhododendronblättern.

Wie bereits erwähnt, ist es wohl die Toxikologie, der wir Rhododendron-Symptome wie »Betäubung«, »Bewußtlosigkeit«, »chaotisches, wirres Verhalten«, »Delirium«, »geistige Verwirrung« usw. bis hin zu »Alkoholismus« (und »Delirium tremens«) verdanken. — Hahnemann schreibt im Apothekerlexikon [42] zur Wirkung des Rhododendron-Absuds:

> Es erregt (zuerst gewisse Kälte mit langsamem Puls, dann —) Fieberhitze mit großem Durst, Trunkenheit, auch wohl Verstandsverwirrung ...

Es soll erwähnt werden, daß bei unserer Arzneiprüfung Rhododendrons keine Beeinträchtigungen, die mit diesen Beobachtungen übereinstimmen, zu registrieren waren.

Im Phytopharmakologie-Lehrbuch von Hänsel und Haas [40] wird die blutdrucksenkende Wirkung des Andromedotoxins, des charakteristischen toxischen Agens des Rhododendron, und dessen Ähnlichkeit zu den tetrazyklischen Steroidalkaloiden von *Veratrum album* (aus der Familie der Liliaceae), den Protoveratrinen beschrieben. Über Ähnlichkeit mit bzw. Differentialdiagnose zu Veratrum ist im übernächsten Kapitel nachzulesen.

RHODODENDRON BEI PATIENTEN MIT HODENTUMOREN?

An dieser Stelle wollen wir versuchen, aus den Wuchs- und Standortcharakteristika der Pflanze Rhododendron und ihrer in der Homöopathie gut bekannten Organotropie auf eine mögliche klinische Anwendung zu schließen.

Das einerseits anspruchsvolle, andererseits chaotisch wuchernde Wachstum der Rhododendren wurde bereits erwähnt. Akzeptiert man die Signaturenlehre als Wegweiser zum Verständnis einer homöopathischen Arznei, drängt sich die Idee auf, Rhododendron müßte auf tumoröses (kanzeröses?) Gewebe Einfluß haben.

Bisher finden wir Rhododendron in folgenden auf diesen Zusammenhang hinweisenden Rubriken:

Verhärtungen (1)
Verhärtungen der Drüsen (1)
Folgen von Verletzungen (2)
Schwellung erkrankter Teile (3)
Schwellung der Drüsen (1)
Kalte Schwellung der Drüsen (1)
Reaktionsmangel (2)
Karies der Knochen (1)
Knochenerweichung (1)
Anämie (1)
Urin blutig (1)

Es sei erlaubt, diese Überlegungen in folgende Rubriken aus dem Bereich der (männlichen und weiblichen) Sexualorgane einfließen zu lassen:

Schwellung des Hodens (3)
Verhärtung des Hodens (3)
Chronische Verhärtung des Hodens (2)
Verhärtung des Nebenhodens (3)
Hoden eingezogen (Kryptorchismus) (2)
Zystische Tumoren (1)
Tumoren des rechten Ovars (1)
Zystische Ovarialtumoren (1)
Tumoren und Zysten der Vagina (1)
Wassersucht der Ovarien (1)

Auffällig ist das mehrwertige Erscheinen von Rhododendron in den bereits bestehenden Rubriken zu den männlichen Sexualorganen, insbesondere den Hoden. Geht man davon aus, daß Erkrankungen der Geschlechtsorgane mit konflikthafter Geschlechtsidentifikation in Zusammenhang stehen und daß die Geschlechtsidentität in der Auseinandersetzung mit der gleichgeschlechtlichen Bezugsperson gebildet wird, so stellt sich die Frage: Was für ein Vaterthema besitzt ein Hodentumor-Patient? Warum korreliert die blockierte Hodendeszension mit einem signifikant erhöhten Tumorrisiko in späteren Jahren? Was hat die fehlende väterliche Energie, die Männlichkeit, die »auf der Strecke blieb«, bei der Pathogenese des Kryptorchismus für eine Bedeutung? Da wir keine praktische Rhododendron-Erfahrung zu diesem

Thema besitzen, können diese Fragen vorläufig nur als Anregung dazu dienen, bei entsprechenden Patienten an unsere These zu denken. Und nicht zuletzt tauchten in unserer Prüfung auch Träume auf, die destruktive Erkrankungen — Karzinom (J/3) und Multiple Sklerose — zum Inhalt haben

WAS WIR BISHER ANSTELLE VON RHODODENDRON VERORDNET HABEN — ARZNEIVERGLEICHE

Wenn man die körperlichen Symptome der alphabetischen Nachbarn Rhododendron und Rhus toxicodendron nebeneinanderstellt, so finden sich viele Übereinstimmungen. Ein Repertoriumsvergleich [90] zeigt z. B. in der Abteilung »Extremitäten«, daß von insgesamt 457 Rhododendron-Symptomen ca. die Hälfte (220) auch Rhus toxicodendron beinhalten. Qualitativ fällt dabei auf, daß vor allem die Wetter- und Bewegungsmodalitäten sowie der Schmerzcharakter einander gleichen. Aber auch bei der »Ruhelosigkeit« finden sich beide Arzneien, sowie bei »Betäubung«, »Delirium«, »Verwirrung«, und nicht zuletzt in den Rubriken »Geisteskrankheit« und »Manie«.

Laut unseren bisherigen Kenntnissen über homöopathische Arzneimittelbeziehungen [11] fungieren Rhus und Rhododendron wechselseitig als Antidote; darüber hinaus wird Rhus toxicodendron als »kollateral« für Rhododendron angegeben, also als symptomenmäßig ähnlich, aber weder komplementär noch gut folgend.

Botanisch und von den Inhaltsstoffen her haben Rhus toxicodendron und Rhododendron wenig bis keine Ähnlichkeit. Auch daraus dürfen wir schließen, daß die Verwandtschaft beider Mittel nicht allzu tief geht, obwohl wir auf der Geist-Gemüts-Ebene die Rhus-Verachtung (»Wahnidee, schmutzig zu sein« (1)) von der nunmehr zur Diskussion stehenden (väterlichen) Rhododendron-Verachtung zu differenzieren haben.

Rhus toxicodendron gilt als ein bewährtes Komplementärmittel von Calcium carbonicum.

Calcium carbonicum

Aus unserer Einsicht in das Wesen von »Rhododendron« schließen wir auf eine enge Beziehung, eventuell sogar Komplementarität, zu Calcium carbonicum. Die Beschreibung des »Calcium-Typus« ist dem von uns für Rhododendron vorgeschlagenen Bild sehr ähnlich. Das Problem der Abgrenzung des schutzlosen, wehrlosen Individuums gegenüber dem feindlichen Außen erkennen wir als Grundthema beider Mittel. Dazu kommt noch die offenbar bei beiden Arzneien vorhandene »nach innen« gerichtete Angst, jene Angst, »umzukippen«, in die Psychose hineinzugeraten (»Furcht, den Verstand zu verlieren, — vor Geisteskrankheit: Rhod. (1), Calc. (4)).

In der Rubrik »Furcht vor Gewitter« sind beide Arzneien vereint, Rhododendron zwei- und Calcium einwertig.

Bei Jan Scholten [101] — dessen Thesen (»Gruppenanalyse«) in der Praxis weiter bestätigt werden müssen und dessen Konstruktion eines Charakterbilds aus den zwei Ursprungselementen einer zusammengesetzten Arznei uns nur teilweise nachvollziehbar ist — erfahren wir, daß das Carbonicum-Element konflikthaft dem väterlichen Pol zugeordnet ist. Bei Calcium carbonicum hieße dies, als Frage eines Sohnes (oder einer Tochter?) formuliert: »Was denkt mein Vater über mich (schwaches, unzulängliches Wesen)?« — »Was bin ich meinem Vater wert?« — »Wie schütze ich mich vor diesem Vater?« Es handelt sich um den überkritischen, vielleicht als überheblich empfundenen, bei Sohn (oder Tochter?) Verunsicherung, Schwäche und Ängste auslösenden Vater, der als »innerer Vater« ebenso überkritisch und überheblich agieren kann.

Weitere Ähnlichkeiten: Das Element der Entwicklungsverzögerung (Hoden: Kryptorchismus!) haben beide Arzneien (jeweils zweiwertig). Auf der Organebene fällt auf, daß beide Mittel empfindlich auf äußere (feuchte) Kälte sowie auf Wind reagieren.

Magnesium carbonicum

Eine der »vaterlosesten« Arzneien unserer Materia Medica ist wahrscheinlich Magnesium carbonicum, wobei das Carbonicum-Element (siehe Calcium carbonicum) für sich spricht. Bereits J.T.Kent beschreibt in seiner Materia Medica [55] Magnesium carbonicum als Mittel erster Wahl bei Kindern, die in einem Waisenhaus aufwachsen mußten. In der Repertoriumssprache findet dieser Sachverhalt seinen Ausdruck in den Rubriken »Gefühl, verlassen zu sein«(2) und »Gefühl, von Eltern, Frau und Freunden nicht geliebt zu werden«(2). In den bisher beschriebenen Magnesium carbonicum-Träumen finden sich Themen wie »Verirrung«, » — in einem Wald«, » — zu Hause« (!), »erfolglose Anstrengungen, sich im eigenen Haus zurechtzufinden«(1).

Wie bei Calcium geht es auch bei Magnesium carbonicum um das Thema Zurückhaltung —Wehrlosigkeit — Harmoniebedürfnis, hier aber gepaart mit einer (aggressiven) unberechenbaren, blitzartigen Explosivität und Zentrifugalität [115]. Gerade letzteres scheint ein gutes differentialdiagnostisches Element gegenüber Rhododendron zu sein.

Exkurs: Botanische Verwandtschaften

Schon bei Berberis haben uns die botanisch-homöopathischen Querverbindungen zu Caulophyllum (ebenfalls eine Berberidazee!) beschäftigt. Doch lassen wir zunächst Hahnemann [43] sprechen!

> Vielleicht erlaubt aber die botanische Verwandtschaft sicheren Schluß auf die Ähnlichkeit der Wirkung? Sie erlaubt ihn ebenso wenig, als es viele Ausnahmen von entgegengesetzten, oder doch sehr abweichenden Kräften in einer und derselben Pflanzenfamilie und in den meisten derselben giebt.

Wir wollen Hahnemann an diesem Punkt widersprechen, halten ihm aber zugute, daß die Pflanzensystematik seiner Zeit (das »Murrayische« System) noch weit entfernt von unserer heute gültigen, das Linnésche System als Grundlage benutzenden Nomenklatur war. Hahnemann rechnete zum Beispiel Verbascum noch zu den Nachtschattengewächsen.

In diesem Zusammenhang sind vor allem zwei Arzneipflanzen zu erwähnen:

Ledum und Kalmia

Unseres Wissens sind weder Ledum palustre noch Kalmia latifolia — obwohl mit vielen (vorwiegend körperlichen) Symptomen ausgestattet — in der Homöopathie wirklich bekannt.

Nur die (rheumatischen) Gelenkssymptome (mit ähnlichen Modalitäten) scheinen sich wie ein roter Faden durch alle drei Arzneien dieser Pflanzenfamilie hindurchzuziehen. Ein Materia Medica-Vergleich im Bereich der Geist-Gemütssymptome läßt völlig im Stich, d.h. zeigt lediglich eine Liste von nichtssagend aneinandergereihten, undifferenzierten Symptomen. Die Tier- und Insektenaffinität, wie sie für Ledum gut bekannt ist[6], erinnert an das Thema von Abgrenzung und Außenbedrohung auf der Grundlage einer »schwachen« Ego-Struktur — so wie für Rhododendron formuliert. Die Neigung zum Alkoholismus bei Ledum läßt ebenfalls auf die Ähnlichkeit zu Rhododendron schließen.[7] Inwieweit unser zur Diskussion gestelltes Vaterthema bei Rhododendron ein »Ericaceen-Thema« sein kann, mögen künftige Arzneimittelprüfungen beurteilen.

Hahnemann hierzu, — noch immer in Negation der Bedeutung von Pflanzenverwandtschaften für die Homöopathie [43]:

Läßt sich von den Eigenschaften der, die Harnwege stärkenden Sandbeerbärentraube[8] (Arbutus uvaursi) auf die des erhitzend betäubenden Schneerose-Gichtstrauchs (Rhododendron chrysanthum) in der Familie Bicornes schließen?

Die Arzneien *Chimaphila* und *Gaultheria* führen wir nur der Vollständigkeit halber an. Gerade Chimaphila weist mit seiner Affinität zum männlichen Genitale eine deutliche Ähnlichkeit mit Rhododendron auf.

Silicea

In der später vorgestellten Kasuistik wird eine Silicea-Fehlverordnung (anstelle von Rhododendron) erwähnt, — als Beispiel für die Bevorzugung eines »großen« Mittels, das möglicherweise mehrere »kleine« überschattete und somit deren Verschreibung behinderte.

[6.] Erinnern wir uns in diesem Zusammenhang an den zuvor beschriebenen »Bienenüberfall« auf die altgriechischen Soldaten am Pontos Euxinos! — Ledum findet sich nach einer Angabe von Allen [4] auch in der Rubrik: »Träume von Tieren, die ihn verfolgen«.

[7.] Immerhin sind beide Arzneien in der Rubrik »Alkoholismus« [90] zweiwertig vertreten.

[8.] Das mehr phytotherapeutisch als homöopathisch erkundete Uva ursi gehört auch nach heutiger Auffassung in dieselbe Familie wie Rhododendron, nämlich jene der Erikazeen.

Silicea ist als Folgemittel von Rhododendron angegeben [11]. Im Lehrbuch von Leeser [71] findet sich der Hinweis von Rhododendron als silicatsuchende, also kalkmeidende Pflanze. Und Leeser schlägt gerade hier die Brücke zur Indikation »Hydrozele«, und versucht, die Rhododendron-Wirkung durch die bekannt »resorbierende« Eigenschaft von Silicea zu erklären.

Der äußere, konstitutionelle Aspekt, aber vor allem die charakterlichen Eigenschaften eines Silicea-Patienten fallen ebenfalls durch ihre Ähnlichkeit mit dem von uns beschriebenen Rhododendronbild auf. Es sei hier nur an die »Entscheidungsschwäche«, den »Mangel an Selbstvertrauen« beider Arzneien erinnert! Silicea ist unentschlossen, schüchtern, zaghaft, vorsichtig, nachgiebig, hat »Furcht vor Mißerfolg«(1), »Furcht, irgend etwas zu unternehmen«(1), hat vor allem die »Angst um sich selbst« (einzige Arznei und zweiwertig!), und wie bei Rhododendron kann die Entwicklung gehemmt sein (2). Recht gut kann man den Silicea-Zustand beschreiben, indem man sich eine Person vorstellt, die ein (äußerst zerbrechliches) Glas (durchs Leben) trägt (Rubrik: »Furcht zu fallen« (1)!). Wenn man eine vergleichende Repertorisation der neu vorgeschlagenen Rhododendron-Symptome mit anderen Arzneien vornimmt, hat — rein numerisch gesehen — Silicea eine maximale Ähnlichkeit mit Rhododendron.

Neben Calcium carbonicum (1), Lycopodium (1), Platinum (2) und Pulsatilla (3) wird Silicea auch in der Rubrik »weibisch« (einwertig) angegeben (nach Gallavardin und Vithoulkas [90]). Diese Feststellung der offensichtlich brachliegenden männlichen Anteile bei Silicea verweist uns wieder auf die Rhododendron-Spur! — In der Rubrik »Gemütssymptome während eines Gewitters« rangieren beide Arzneien zweiwertig, kuscheln sich Silicea und Rhododendron (neben wenigen anderen) furchtsam aneinander.

Sowohl Silicea als auch Calcium carbonicum (sowie das in der Folge differenzierte Lycopodium) fehlen in der Rubrik »chaotisches Verhalten« — hier legen also Calcium und Silicea mineralische Strukturiertheit an den Tag —, Rhododendron dagegen ist zweiwertig aufgeführt. Dieses Rhododendron-Symptom ist wahrscheinlich durch die Toxikologie erklärbar. Man stelle sich die kampfgelähmten und durch Rhododendronhonig destrukturierten Soldaten vor, wie sie wankend heimwärts ziehen.

Über das Vaterthema von Silicea können wir leider nur Vermutungen anstellen. Die auch im Periodensystem der Elemente sich manifestierende Nähe zum Kohlenstoff (Carbonicum-Arzneien, Graphites) legt die These von der Schwächung des Nachkommen durch den potenten Vater nahe, — ebenso die schon erwähnte Rubrik »Glaubt sich nicht geliebt... «, in der Silicea einwertig unter sieben Arzneien aufscheint, unter anderem begleitet Magnesium und Calcium carbonicum.

Da Abszedierungs- und Eiterungsneigung von Rhododendron bisher nicht beschrieben wurden, ist anzunehmen, daß das Mittel sich auch in diesem Punkt von Silicea unterscheiden läßt.

Lycopodium

Das Arzneibild des von Macht träumenden, sich im Bedarfsfall aber unterwürfig anpassenden Schwächlings Lycopodium ist ebenfalls zu gut bekannt, als daß es im Rahmen dieser Arbeit näher beschrieben werden müßte. Vielleicht wird es in einem Fall die Empfindlichkeit gegen Kränkungen und weinerliche Sentimentalität eines Lycopodium-Patienten sein, im anderen Fall seine auch auf der körperlichen Ebene sich manifestierende Aufgeblähtheit, die uns bei der Differenzierung behilflich sind, zumal uns dieses Charakteristikum bei Rhododendron nicht bekannt geworden und auch in den von uns beobachteten Träumen nicht in Erscheinung getreten ist. Es mag auffallen, daß nicht nur Ledum palustre, sondern auch alle anderen bisher gegenüber Rhododendron differenzierten Arzneien (in der Erikazeengruppe nicht Kalmia latifolia, dafür aber Chimaphila) in der Rubrik »*Alkoholismus*« aufscheinen. [90]

Natrium

In der Materia Medica Voisins [110] findet sich *Natrium sulfuricum* als erstes Vergleichsmittel von Rhododendron, was jedoch lediglich durch die Symptome und deren Modalitäten im Bereich des Bewegungsapparates begründet wird. Dies erscheint uns nach dem bisher Gesagten als unzureichend. Auch entspricht das von Natrium sulfuricum bekannte mentale Bild nicht im entferntesten unserer These von Rhododendron.

Anders *Natrium carbonicum*: Jan Scholten meint in seinem Buch »Homoeopathy and Minerals« [101], daß ein wesentlicher Grundzug des Natrium carbonicum-Bildes die Zurückweisung durch den Vater sei oder auch dessen

Fehlen, was zu sozialer Regression und Entfremdung führen könne. Dann noch die Empfindlichkeit von Natrium carbonicum, die sich — auf atmosphärische Einflüsse reduziert — wiederum in der Rubrik »Gemütssymptome vor — « (2) und » — während (1) eines Gewitters« ausdrückt.

Schließlich findet sich Natrium carbonicum auch in den von uns für Rhododendron neu vorgeschlagenen Rubriken »Schüchternheit, Zaghaftigkeit«(3), »Unentschlossenheit«(1) und »Mangel an Selbstvertrauen«(1) und scheint auch durch seine Rückzugstendenzen und Kontaktangst (»Anthropophobie«(3)) Rhododendron sehr nahe zu sein.

Veratrum album

Hier gründet sich die Ähnlichkeit auf die chemische Zusammensetzung der Inhaltsstoffe beider Pflanzen. Auch Veratrum ist ruhelos, kollaptisch, delirant und findet sich dreiwertig in der Rubrik »Geisteskrankheiten«.

Allerdings ist bei Veratrum eine gänzlich andere Familienstruktur zu vermuten: Die Rubrik »Wahnidee, er sei ein Prinz« (einzige Arznei, einwertig) weist auf eine besonders bevorzugte Stellung im Familiensystem hin. Diese auch bei Masi [79] postulierte Bevorzugung des Sohnes (und der Tochter?) durch den Vater kann wegen der möglicherweise zu hohen väterlichen Erwartungen zu Schwächung von Ich-Stärke und Selbstvertrauen führen.

RHODODENDRON IN DER PRAXIS

Michaela, die Vaterlose

Im folgenden möchten wir von unserer ersten positiven Erfahrung mit Rhododendron berichten. Es ist die Geschichte eines in die Psychose abgleitenden Mädchens.

Michaela, derzeit 20 Jahre alt, seit dem Tod ihres Vaters vor sieben Jahren gemeinsam mit ihren drei Schwestern bei der Mutter aufgewachsen, wird im Herbst 1991 (im Alter von 17 Jahren) plötzlich »auffällig«. Aus ihrem bisher relativ unauffälligen Familien- und Schuldasein gleitet sie ab in ein psychotisches Zustandsbild, das sich auch in den folgenden zwei Jahren saisongebunden und unbeeinflußbar wiederholt.

20.9.1991: Entsetzter Anruf der Mutter (Apothekerin in einer österreichischen Kleinstadt): Ihre Tochter Michaela, die drittälteste ihrer vier Töchter, Schülerin, bisher von mir (P.K.) noch nicht homöopathisch behandelt, sei »aus heiterem Himmel« psychotisch geworden!

Im Sommer sei alles »wie immer« gewesen. Dann sei Michaela durch zunehmende »Hektik« aufgefallen, wahrscheinlich aus einer (schulischen) Überforderungssituation heraus, habe begonnen, wirr Kalender zu bekritzeln ....

Eines Nachts beginnt Michaela zu schreien und zu toben, als die Mutter zu ihr ins Zimmer kommt. Große Angst (»Überall ist Krieg!«), Wahnideen: Das Fernsehzentrum werde bombardiert; eine Invasion von Ausländern stehe bevor oder sei bereits ausgebrochen; es gelte, die anderen, die ganze Erde, zu retten. Michaela sieht den Teufel, den Lieben Gott, — läßt sich von der Mutter und den drei Schwestern, die sie kaum erkennt, nicht beruhigen. Sie schreit und tobt weiter, aus Angst, aber auch, damit alle Leute sie hören können.

Was war passiert? Gibt es Anhaltspunkte aus der Vorgeschichte? — Michaela war bis dahin ein recht unauffälliges Mädchen, aber spät entwickelt. Den Zahnwechsel habe sie erst mit 9 Jahren, ihre erste Menstruationsblutung mit 14 Jahren bekommen. Ein eher unsicheres, lernschwaches, aber sehr ehrgeiziges Kind; ordnungsliebend, pedantisch, unbedingt verläßlich,— aber unselbständig, sehr an die Familie (an die Mutter) gebunden, auch an Freundinnen sich festhaltend, klammernd. Auch das Schriftbild Michaelas wirkt unreif, kindlich. Michaela ist bei der Erstanamnese (5.10.1991) fast noch ein Kind, wenig »Ich«.

Vielleicht sei ihr »alles zuviel« geworden: Schulabschluß, Pfadfinderlager, Ferienjob in einem Pflegeheim (erstmals für längere Zeit weg von der Familie — Heimweh?) ... ? — Im Februar desselben Jahres hatte die Mutter Silicea D200 gegeben (Entscheidungsschwäche; Angst zu versagen; blaß, trocken, blond; immer Schnupfen; rissige Fußsohlen).

Zur Zeit des telefonischen Erstkontakts der Mutter mit mir war Michaela bereits in stationärer psychiatrischer Behandlung, erhielt verschiedene potente Neuroleptika, aber ohne nennenswerten Erfolg. Nachdem das zuvor gegebene Mittel erfolglos geblieben war, verschrieb ich jeweils in Wasser aufgelöst (nach Hahnemanns Plusmethode) hintereinander Veratrum album M, Arse-

nicum album M und Kalium bromatum C200. Letzteres wurde aufgrund folgender Symptome verordnet:
  Wahnidee von drohender Zerstörung von allem in ihrer Umgebung (2/1)
  Wahnidee, Empfindung von Gefahr (1/6)
  Wahnidee, verfolgt zu sein (2)
  Geisteskrankheit (2)
  Religiöse Gemütsstörungen (1)
  Ruhelosigkeit (2)
  Argwöhnisch, mißtrauisch (1)
  Erkennt seine eigenen Verwandten nicht (1)
  — und erbrachte als vorerst einzige Arznei eine Besserung, jedoch nicht genügend deutlich und durchgreifend. Daraufhin wurde am 23.10.1991, nachdem sich Michaelas mentaler Zustand weitgehend stabilisiert hatte, Kalium silicatum D30 verordnet. Weitere Verordnungen im Verlauf der folgenden zwei Jahre: Calcium silicatum M, Silicea M, Calcium arsenicosum M, Rhus toxicodendron M, Sabadilla M, nochmals Kalium bromatum C200/M/XMK[9] und Hyoscyamus M (insgesamt fünfmal, jeweils als Einzelgaben). — Aus dieser Liste ist schon ersichtlich, daß einige Arzneien (das wiederholte Kalium bromatum; Hyoscyamus) zumindest partiell gewirkt haben müssen, — aber wiederum leider nicht durchgreifend: Auch im Sommer 1992 sowie 1993 kam es (vorhersagbar durch Träume) zu Rückfällen in das psychotische Zustandsbild, gekennzeichnet durch zunehmenden Realitätsverlust, hektische Unruhe, Angst, Regression auf die Stufe eines Kleinkindes mit Anklammern an die Mutter.

  In diesem Zusammenhang erscheinen zwei Träume interessant, die vor dem Rückfall im Jahr 1993 als Indiz für das bevorstehende Wiederaufflackern der Grundstörung gedeutet werden können. Denn in den Intervallen zwischen den Sommern war Michaela relativ »unauffällig«, angepaßt, wenn auch weiterhin zu kindlich für ihr Alter, zu unselbständig, zu unentschlossen.

  Ich liege in einer Blutlache, sehe mich selbst, im Wohnzimmer; nichts daran tut weh. Das Blut kommt vom Rücken, dieser ist kalt. Erst allmählich gerate ich in Panik: »Ich verblute, ich muß etwas tun!«

---

[9]. Homeoden, Gent.

Aus der Wand klappt ein Bett heraus. Dahinter ein angstmachendes Skelett (»wie in der Geisterbahn ....«).

Michaelas »Vatergeschichte«: Als Michaela 13 Jahre alt war, verstarb ihr Vater innerhalb von drei Wochen mit unklarer Diagnose (Encephalitis?, Herpesinfektion?). Laut Aussage der Mutter hing Michaela von den vier Mädchen am meisten an ihm, mußte es sie »am meisten getroffen haben«, litt das Mädchen damals offensichtlich an einem protrahierten Schockzustand, könnte zuwenig getrauert, den Schmerz nicht genügend ausgelebt, ihr Weinen abends im Bett zu sehr erstickt haben ...

Immer sich wiederholende Träume:

Der Vater lebt noch, — oder er liegt tot im Bett. »Die arme Mama!«

Michaela später dazu: Sie sei ja zu jener Zeit »noch sehr jung« gewesen und hätte sich gedacht, »ich müßte *mehr* trauern« ... Sie hätte sich damals vorgenommen, den Vater irgendwann einmal »später« zu betrauern und beweinen, hätte dies immer wieder verschoben ...

Als kompensatorischer, offensichtlich inadäquater, konflikthafter Rettungsversuch Michaelas mag der verlorene Vater in der Folge zu sehr idealisiert, gleichsam »aufgebahrt« worden sein — oder, in einer angstmachenden Wahnwelt umherirrend, gesucht ...

Ich komme von der Schule heim, da sitzt mein Vater plötzlich auf einem Sessel in der Wohnung — gerade so, als ob er nie gestorben wäre. Ich wundere mich, tue aber »ganz locker«, gehe an ihm vorbei, in mein Zimmer, als ob nichts gewesen wäre und erzähle ihm im Plauderton von den Vorkommnissen in der Schule ...

Hier scheint das Nicht-mehr-Sein des Vaters geradezu verleugnet zu werden. So als ob alles noch in bester Ordnung, die Familienwelt »heil« geblieben wäre, geht Michaela am Tod ihres Vaters vorbei ... , — so wie es damals wohl auch war, als niemand wußte, wie ernst es mit dem schwerkranken Vater eigentlich sei und gerade sie, Michaela, »es« nicht wahrhaben wollte ...

Die Wende — Rhododendron oder der »Zufall«
eines kleinen, »klassischen« Symptoms

Michaela hatte zuletzt immer wieder Krisen, viel früher als sonst (und zunehmend saisonunabhängig), in denen sie Hyoscyamus (M) brauchte — mit kurzer Besserung danach, ohne daß jedoch die nächste Krise verhindert werden konnte.

Was an der Geschichte Michaelas Zufall, Schicksalsfügung oder »Synchronizität« sein mag, soll hier nicht diskutiert werden. Jedenfalls fällt die offensichtlich entscheidende Folgeordination Michaelas gerade in die Auswertungsphase unserer Rhododendron-Arzneimittelprüfung.

26.1.1994: Michaela absolviert gerade eine Krankenpflegeschule, steht dort unter großem Druck und ist den Anforderungen nur zum Teil gewachsen. Seit Ende des vorhergehenden Jahres hat sie eine gesprächsorientierte Psychotherapie begonnen, nachdem auch im Rahmen und nach den jeweiligen stationären Aufenthalten neben der Verabreichung von Neuroleptika immer wieder Psychotherapie versucht worden war. Innerlich geht es »so auf und ab«. Sehr oft noch immer Unzufriedenheit und das Gefühl, die Dinge, die sie sich vorgenommen hat, gehen sich nicht aus.

Ein Traum, der das im Grunde unveränderte Muster der Patientin widerspiegelt:

> Ich und meine ganze Schulklasse, wir müssen noch einmal die Matura machen, und zwar in Eislaufen. Wer ist der Schnellste? Der Wettlauf findet in der Schule, auf einem Steinboden im Hof statt. Ich *laufe* mit den Eislaufschuhen auf diesem unpassenden Boden, aber ich gleite nicht.

Ganz nebenbei berichtet sie von zunehmenden Gelenksschmerzen, vor allem im Knie.

Ich sehe Michaela an, die vielleicht heute etwas weniger kindlich erscheint als sonst, — oder ist das nur das Make up? Sie sitzt mit überschlagenen Beinen da und wackelt mit dem Fuß (ein »Tic«, den sie schon lange hat). Ich frage sie, ob sie immer so dasitze. Sie: Sehr gern, selbst beim Einschlafen, und im Schlaf habe sie die Beine übereinander, »fast wie ein Knoten«, — sie könne gar nicht anders schlafen!

Blitzartig erinnere ich mich der kleinen, oft gelesenen, aber bisher nie erfolgreich verwendeten Rubrik »Schlaf, Lage, Beine gekreuzt«, in der Rhododendron als einziges Mittel (einwertig) vertreten ist[10] und finde später auch

---

[10.] Allerdings wird im Boger-Boenninghausenschen Repertorium [18] als zweite Arznei auch Thuja genannt, das in der genannten Rubrik ergänzt werden möge!

die ähnliche Rubrik »Schlaflosigkeit, außer mit übereinandergelegten Beinen« (einzige Arznei und zweiwertig!)[11]. Die mir zu diesem Zeitpunkt von Rhododendron bereits bewußte »Vaterlosigkeit« gesellt sich zu diesen Symptomen hinzu, ebenso die Gelenksbeschwerden, — und beim Nachschlagen im Repertorium finde ich Rhododendron nun auch in der Rubrik »Geisteskrankheit« (1)!

Verlauf

Rhododendron wurde am 26.1.1994 in der C200 gegeben. — Alarmanruf der Mutter wenige Tage nach der Verabreichung: Michaela sei extrem depressiv, voller Spannung, und bockig. Die ganze Familie stehe unter dem Einfluß dieser Spannung. Im Halsbereich sei eine massive Urticaria aufgetreten — ein altes, rezidivierendes, nie wirklich ausgeheiltes Leiden. Michaela benehme sich (im Rahmen dieser höchstwahrscheinlichen Arzneireaktion!) »wie eine Irre«, habe alles bereits Erlernte wieder verlernt, mache alles falsch, könne sich zu nichts entscheiden, fürchte sich vor allem, vor jeder Begegnung mit dem Außen.

Umschwung und ab da stetige Aufwärtsentwicklung ab Mitte Februar. Zunehmende »Lebendigkeit«. Michaela agiert geordneter, bewußter, zuversichtlicher, vor allem aber passiert kein Rückschlag in eine hektisch-manische Phase. Bei der Kontrollordination vom 23.3. muß erstmals keine Arznei verschrieben werden. Die Urticaria ist inzwischen abgeklungen. Auffallend ist, daß Michaela keinerlei Träume erzählen kann. Die Schlafstellung ist übrigens unverändert geblieben.

Im April dann massive Enttäuschung am Arbeitsplatz (Pflegepraktikum), Zurücksetzung durch eine Michaela nicht wohlgesinnte Vorgesetzte. Wegen beginnender Verschlimmerungszeichen (und Drängen der Mutter) wird Rhododendron M gegeben (20.4.). Michaela »stürzt nicht ab«! Sie verkraftet dieses Trauma relativ gut und erscheint am 29.6.1994 zur Kontrolle. Sie ist fraulicher, »reifer« geworden, hat auch etwas zugenommen. Keinerlei Warnsymptome, wiederum auch keine Träume.

[11.] Bei Hering [45] hierzu im Originaltext: » ... kann nicht einschlafen oder schlafen ohne aufzuwachen, wenn die Beine nicht überkreuzt sind.« (Übersetzung durch die Verfasser)

Im August beklagt sich die Mutter wegen zunehmender disziplinärer Schwierigkeiten im Zusammenleben mit Michaela — es sei so, als ob die Pubertät erst jetzt stattfinde, ein wechselseitiger Lernprozeß, der offensichtlich nachgeholt werden muß.— Seither keine wesentlichen Probleme, keine Interventionen, keine Arzneiwiederholung.

Kontrolle im Oktober 1994: Wer die Krisen Michaelas in den letzten drei Jahren miterlebt hat, »würde es nicht glauben, wie gut es ihr jetzt geht« (Aussage der Mutter), wieviel Eigeninitiative ihr jetzt möglich ist, — ihr, die noch vor kurzem »an der Hand herumgeführt werden« mußte. — Michaela strahlt: Es war ein »toller« Sommer, ohne jegliche Probleme, ohne Symptome auch im körperlichen Bereich, und dies, obwohl die Großmutter (die Mutter des Vaters), zu der Michaela im Vergleich zu ihren Schwestern noch am meisten Beziehung gehabt hatte, verstorben war. — Nur ein Traum, an den sie sich erinnern kann — gerade in der letzten Nacht:

Michaela fährt mit ihrer Schwester zum Sommerhaus der Großmutter — im Traum weiß sie, daß die Großmutter gestorben ist. Doch sonderbar: Beim Näherkommen sitzt die Großmutter auf einem Baumstumpf vor ihrem Haus und sieht ganz eingefallen und geistesabwesend aus! Michaela erschrickt und denkt, wie schlecht es ihr doch gehen müsse, hier so in der Kälte, ohne etwas zu essen oder zu trinken, für eine so lange Zeit sitzen zu müssen. Sitzt sie denn dort seit ihrem Tod? Michaela sagt »Komm, Oma, soll ich Dir einen warmen Tee machen ... ?« — Doch da kommt es vorwurfsvoll zurück: »Erst jetzt, wo ich gestorben bin, findet ihr es der Mühe wert, zu mir zu kommen ... !« — Schuldgefühle.

Diese Traumsequenz mit der Zuwendung einfordernden väterlichen Großmutter zeigt zwar, daß Michaelas Weiterentwicklung noch durch Schuldgefühle behindert wird, konfrontiert aber erstmals direkt mit dem Tod, indem das Faktum des Todes ausgesprochen wird und so der Weg zu einem die Totenstarre aufwärmenden Umgang mit ihm, zur Trauerarbeit, freigemacht wird. Dieser Prozeß kann möglicherweise auch dazu führen, daß der Tod des Vaters nachträglich verarbeitet wird

Beim Betrachten von Michaelas Krankheits- und Therapieverlauf fällt auf, daß sich viele homöopathische Vorverordnungen um das Rhododendron-Thema gruppieren. Sowohl die Nähe zu Rhus toxicodendron, wie auch jene

zu Calcium (carbonicum), Silicea (Bedrohung durch die Außenwelt), und Veratrum album, somit auch zu Sabadilla, sind schon erläutert worden.
Vermutlich wäre Rhododendron für Michaela nie mit alleiniger Hilfe des Repertoriums gefunden worden. Das auffallende Symptom der gekreuzten Beine während des Schlafs allein hätte wohl nicht zu einer passenden Verschreibung gereicht, ebenso fehlt Rhododendron in der sicher unvollständigen Rubrik »Periodisch auftretende Geisteskrankheit« (bisher nur 5 Arzneien)[12]. Wahrscheinlich hätte uns auch das bisher verfügbare Materia Medica-Wissen über dieses Mittel im Stich gelassen.[13] — Das von Pierre Schmidt für Rhododendron angegebene Symptom »Furcht vor der Annäherung anderer« (bisher einwertig) — wir denken dabei an die »Fremdenangst« Michaelas! — mag durch unsere Beobachtung als bestätigt gelten.

Materia Medica-Vergleich (bei Allen [4]):

... Erscheint erschreckt ... Eine Art von Delir ... Mentale Zerrüttung ... Angsterfüllte Vorstellungen ... Angstattacken.

Er liegt auf dem Rücken, mit gekreuzten Beinen ... (Übersetzung durch die Verfasser)

---

[12]. Allerdings findet sich Rhododendron in der Rubrik »Allgemeines — Jahreszeiten — Sommer, im« einwertig!

[13]. Andererseits waren es sowohl in der Kasuistik »Katharina« wie auch hier »klassische« Arzneisymptome, die letztlich den Ausschlag zur Mittelfindung gaben, — die es erst einmal möglich machten, an Berberis bzw. Rhododendron zu denken!
Jeremy Sherr verdanken wir die Idee, das Thema »Spaltung« (»split«), wie es offensichtlich bei Michaela gegeben war und mit der Manifestation einer Psychose in Einklang zu bringen ist, in vielen verschiedenen Zusammenhängen und Ebenen auftaucht: die bei Phatak [88, 89] und Clarke [22] beschriebenen zickzackförmig verlaufenden (wandernden) Schmerzen; die Seitenungleichheit der Pupillen aus der in Allen [4] beschriebenen Seidelschen Prüfung; der Seitenwechsel, wie er für die verstopfte Nase im Repertorium [90] niedergelegt ist (Nase — Verstopfung — abwechselnde Seiten (1)), und nicht zuletzt ein gemaltes Bild, das Michaela im Zustand akuter Psychose anfertigte, wobei die Ähnlichkeit des Dargestellten mit der Pflanze Rhododendron auffällt.

Allerdings entstammen diese spärlichen Angaben (als Urtinkturprüfungen) ausnahmslos dem (sub)toxischen Bereich bzw. sogar Vergiftungsberichten.

Das von Pierre Schmidt angegebene Rhododendron-Symptom »Furcht vor der Annäherung anderer« (bisher einwertig) — wir denken dabei an die in der akuten psychotischen Phase manifest werdende »Fremdenangst« Michaelas — mag durch diese kasuistische Darstellung als bestätigt gelten.

17.1.1996, vorläufiger Therapieabschluß

Es geht ihr »irrsinnig« gut. Ende September des Vorjahrs ist Michaela aus dem mütterlichen Haushalt ausgezogen und teilt jetzt eine kleine Wohnung mit einer Studentin. Ihr Schulabschluß steht bevor, und sie hat keine Angst davor. Michaela hat auch die Fahrschulprüfung bestanden, endlich! — Freund hat sie, jetzt 22jährig, noch keinen, der Richtige sei eben noch nicht gekommen.

Es fällt ihr schwer, an ihre Krankheit zurückzudenken. Vieles ist nicht mehr erinnerlich. Eigentlich hat sie damit schon »abgeschlossen«. Sie fühlt große Sicherheit und meint, jetzt ganz gesund zu sein.

Seit April 1994 keine weitere Arzneieinnahme; die für den Bedarfsfall mitgegebene zweite Dosis von Rhododendron M ist unangetastet geblieben. Die Psychotherapie konnte abgeschlossen werden.

Keine Gelenksbeschwerden, keine Urticaria.

Guter Appetit, sie esse zu viel, — vor allem Mehlspeisen, süße Sachen und Yoghurt.

Wieder ein Traum vom Vater (als einziger erinnerter), vor längerer Zeit:

> Mein Vater lebte wieder mit uns, — in einem ganz lange dauernden Traum, in dem mir auch die Anwesenheit des Vaters sehr lange erschien. Er lebt wie selbstverständlich in der Familie, zu Hause. Gleichzeitig wußte ich aber, daß er tot war. Ich habe »ganz normal« mit ihm gesprochen — überhaupt war die ganze Situation höchst »normal«, selbstverständlich ...

Ich frage, was denn mit der Angewohnheit der überkreuzten Beine sei. — Michaela denkt lange nach und sagt, sie schlafe jetzt meistens zusammengerollt seitlich liegend.

Die Behandlung Michaelas konnte zu diesem Zeitpunkt vorläufig abgeschlossen werden, wenngleich noch einige weitere Jahre abgewartet werden müssen, um endgültige Aussagen treffen zu können. Ihre Reaktion auf die Arznei Rhododendron (einschließlich deutlicher Erstverschlimmerung und Heilungsverlauf gemäß der Heringschen Regel; dann das prompte Ansprechen in der Situation eines drohenden Rückfalls) war eindeutig und eindrucksvoll. Es erschien uns wichtig, diese unsere erste große Rhododendron-Erfahrung mitzuteilen.

Was bedeuten gekreuzte Extremitäten?

Reservierte Menschen, Menschen, die sich schwer tun, Kontakt, Nähe zuzulassen, signalisieren dies oft dadurch, daß sie mit verschränkten (überkreuzten?) Armen (und/oder Beinen) dasitzen, »unten« »zu-«, »dichtmachen« ...

Masi/Loutan beantworten diese Frage auf ihre Weise [79]: »Verweigert den Appell, sich zu verpflichten. Er bleibt mit gekreuzten Beinen liegen und zeigt auf diese Weise, daß er es nicht nötig hat, sich in Bewegung zu setzen. Seine Existenz müßte genügen, um zu handeln. ... Er glaubt, daß es seinem Willen Gewalt antun hieße, wenn er einen Appell beantworten würde, der nicht aus ihm selbst kommt. ... Weil er zurückgewiesen hat, daß seine Kraft durch etwas außerhalb seiner selbst in Bewegung gesetzt werde, wird das unmöglich, was er selbst in Bewegung setzen müßte.« — Wir geben zu, daß es für uns schwer ist, Masi/Loutan hier zu folgen, und daß wir seinen theoretischen Ansatz nur schwer mit den Resultaten unserer Arzneiprüfung und gar nicht mit unseren praktischen Erfahrungen, die wir bisher mit Rhododendron-Patienten machen konnten, in Einklang bringen können. Bestenfalls können wir in den durch Loutan übermittelten Zeilen das Thema der selbst im Schlaf beibehaltenen Abwehr gegen die Außenwelt (die zu Starre und Inaktivität führt) herauslesen.

Vom Sich-Verweigern durch Überkreuzen der Extremitäten ist es nur ein kleiner Schritt zur Funktion der überkreuzten zweiten und dritten Finger, wie wir sie bei unseren Kinderspielen, versehen mit allerlei Sprüchen, gepflegt haben[14]. Diese überkreuzten Kinderfinger signalisieren Bann und Gegenzauber im Angesicht von etwas, das als bedrohlich erlebt wird. Es kann bedeuten, etwas abzuwehren, erst gar nicht zuzulassen, es möglichst schnell nichtig zu machen, zu vergessen — etwas, mit dem man sich eigentlich auseinanderzusetzen zu hätte.

Vergessen wir an dieser Stelle nicht, daß das giftige Rhododendron betäubende Wirkungen besitzt — eine Tatsache, die sich auch im Repertorium (bis hin zu Taubheitsgefühlen der Extremitäten) widerspiegelt. Hier gibt es eine wichtige Querverbindung zu dem als dritte Arznei besprochenen *Convallaria*. Wie das Überkreuzen der Extremitäten symbolisch die Außenwelt ausschließt, so kann man sich auch durch Betäubung, durch Taubstellen gegen die Realitäten nach außen hin abschotten.

Aber unser Symptom heißt »Überkreuzen der unteren Extremitäten im Schlaf«, — und alles, was über die reine Beobachtung hinausgeht, birgt in sich die Gefahr von Spekulation und Übertragung eigener Inhalte in die autonome und unantastbare Symptomatik eines anderen. Wir versuchen die Arznei zu verstehen, indem wir zwischen beiden Sichtweisen eine gangbare Brücke schlagen — eine Brücke, die zwei Ufer verbinden soll, denen jeweils etwas Wesentliches fehlt und die unverbunden jeweils nur einen Teil der Wirklichkeit repräsentieren.

Zur Farbwahl Michaelas

Für jene, die sich mit der Farbwahl und deren Wert für die homöopathische Arzneifindung (nach H. V. Müller, Köln[81]) beschäftigen, hier noch einige Informationen: In der psychotischen Phase entschied sich Michaela eindeutig für ein helles, strahlendes Gelb (3A8 im Farbatlas von Kornerup und Wanscher 65]). Auch sehr viel später, in bereits gesunden Tagen, sagte sie rückblickend, daß sie dieses Gelb bevorzuge, wenn es ihr »schlecht« gehe. Es fällt auf, daß sich im gelben Anteil der Müllerschen Farbskala auffallend viele »psychotische« Arzneien (Nux moschata, Cannabis, Opium, Veratrum etc.) finden. (Auch für Max Lüscher ist die Gelb-Bevorzugung (»+4«) typisch für Realitätsflucht und Wahntendenz [77].)

[14.] Diesen Hinweis und Beitrag verdanken wir Peter Andersch-Hartner aus Graz.

Michaela gab wiederholt ein klares, sattes Blau als »ihre« Farbe an (23A8, 19B8, zuletzt 21C8). Selbst im abklingenden psychotischen Zustandsbild erzählte sie, daß die von ihr bevorzugte Farbe »sonst« dieses Blau sei. Ein Vergleich mit weiteren Patienten, die eindeutig positiv auf Rhododendron angesprochen haben ist nötig, um eine sichere Zuordnung dieses Blautons zu Rhododendron festzuhalten. Müller hat diese Arznei-Farb-Beziehung (laut einer persönlichen Mitteilung) schon 1989 vermutet (später allerdings wieder auf 24A8 — türkis — korrigiert).

CONVALLARIA

August/September 1994

»*Ich sehe eiserne Vorhangschlösser auf einem Arbeitstisch, die ich streichen muß. Ich sehe in der Nacht immer wieder eiserne Vorhangschlösser.*«

RAHMENBEDINGUNGEN

Für die (Traum-)Arzneiprüfung mit Convallaria — der »kleinsten« und letzten der drei Arzneien — entschieden wir uns, die Rahmenbedingungen nochmals zu ändern:

1.) Sie sollte — nach zweiwöchiger Vorbeobachtungs- und Vorprotokoll — sowie zweiwöchiger Einnahmephase — direkt in ein drei Tage dauerndes *Prüfungsseminar* einmünden. Dieses Seminar fiel somit in die unmittelbare Nachbeobachtungszeit und sollte die gemeinsame Erarbeitung der bis dahin noch nicht aufgedeckten Prüfarznei — vor allem anhand der Arzneiträume — ermöglichen.

2.) *Teilnehmerkreis:* Diesmal prüften ausschließlich homöopathische Ärzte, Kollegen also, Freunde, für die diese Prüfungserfahrung auch ein intensives gemeinschaftliches Erlebnis werden sollte, zumal

3.) mit E. C. *Whitmont* aus Connecticut ein überaus kompetenter, erfahrener Traumexperte, Homöopath und Analytiker der Jungschen Schule, als Supervisor und Begleiter unserer Arbeit und unseres Prüfungsseminars gewonnen werden konnte. Für Whitmont war diese Art der Traumarbeit, war das Unternehmen »Arznei-Traum-Arbeit« völliges Neuland — und er, der ewig junge, so herzliche wie tiefgründige Therapeut und Lehrer, betrat es neugierig und freudig.

4.) Diesmal erhielt niemand »*Placebo*«. Und was hätte eine »Scheinarznei« bei dieser Art der Prüfungsführung — nach unseren bisherigen Erfahrungen

— verändert? (Siehe hierzu das entsprechende Kapitel bei »Berberis« und über die Synchronizität.)

Unsere Prüfung verlief bis zum Zeitpunkt des Enthüllens der geprüften Arznei (am vorletzten Tag des Seminars mit E. C. Whitmont) doppelblind. Zuvor hatten wir alle Teilnehmer eine Wunsch-Prüfarznei auswählen lassen, und eine davon war per Los — den Prüfungsleitern allerdings unbekannt — ausgewählt und an Friedrich Dellmour, Feldkirchen, und Robert Müntz, Apotheker in Eisenstadt, zur Rohstoffbeschaffung und -bereitstellung weitergegeben worden. Heide Brunner, Retz/Salzburg fiel es wiederum zu, den Potenzierungsvorgang bis zur C_{30} in bewährter Weise vorzunehmen. Daß das Los mit Convallaria justament eine Arznei zur Prüfung auswählte, die sowohl in Europa (und Asien) wie auch in Nordamerika (der zweiten Heimat E. C. Whitmonts) wächst, mag »Zufall« sein.

Den Einnahmemodus (Aussetzen der täglichen Arzneieinnahme bei Manifestation von Prüfungssymptomen) hielten wir gegenüber unseren Vorprüfungen unverändert bei.

An dieser Stelle ist es uns ein Bedürfnis, E. C. Whitmont und allen Teilnehmern für das Zustandekommen einer liebevollen Seminar-Atmosphäre zu danken, in der Intimstes wohlgeborgen enthüllt werden konnte.[1]

28 ProbandInnen, 20 Frauen (im Alter zwischen 31 und 49 Jahren) und 8 Männer (27 bis 43 Jahre) sind in der nachfolgenden Liste angeführt. 6 davon (5 Frauen und ein Mann) reagierten so deutlich auf Convallaria C_{30}, daß wir zuvorderst ihre Träume und sonstigen Symptome in unsere Auswertung einbrachten. Zwei weitere Probandinnen entwickelten als mögliche Spätfolge der Arzneiprüfung gravierende und therapiebedürftige Symptome (siehe Untertext zur ProbandInnenliste), die wir aber aus der Auswertung exkludierten. In 4 Fällen mußte die Arzneiprüfung (nach durchschnittlich ca. 5 Tagen Arzneieinnahme) wegen intolerabler Symptome abgebrochen werden.

---

[1] In dieser Veröffentlichung zu Convallaria wurden einzelne aus dem Seminar extrahierte Informationen und Daten sowie auch ausgewählte Trauminhalte so verändert, daß ein Rückschluß auf die Person des jeweiligen Träumers bzw. Probanden für den Leser nicht möglich ist. Die essentiellen Aussagen aus der Arzneiprüfung bleiben dadurch unangetastet.

Die Herstellerin der Prüfarznei nahm an dem Seminar teil, ohne Convallaria per os eingenommen zu haben. Sie, die den Namen der von ihr potenzierten Arznei ebenfalls erst am letzten Seminartag erfuhr, hatte während der Herstellung deutlich im Traumbereich reagiert.[2]

PROBANDENLISTE

PROBAND	Prüfdauer (Tage)	G	T	K	Bewertung	Anmerkung
1 m 32a	~ 28	0	1	0	1	
2 w 39a	~ 28	0	1	0	1	
3 w 34a	9	0	1	2	3	
4 w 44a	4	0	2	0	2	
5 w 43a	13	0	1	1	1	
6 w 31a	12	0	1	0	1	
7 m 27a	11	0	0	1	1	
8 m 42a	4	0	1	0	1	
9 w 38a	6	1	1	1	3	
10 w 37a	10	1	1	1	3	
11 w 42a	11	0	0	0	0	
12 w 49a	12	2	1	2	5	
13 w 40a	4	0	1	1	2	Abbruch wegen Diarrhoe
14 w 39a	14	0	1	2!	3	
15 w 40a	3	0	2	0	2	Abbruch wegen Depression
16 w 38a	3	0	1	0	1	
17 w 38a[3]	7	0	2	1	3	Abb. wegen Schulterschmezen
18 w 43a	10	0	1	0	1	
19 w 38a	9	0	1	0	1	
20 w 48a	3	0	0	0	0	
21 m 43a	3	0	2(H)	1	3	

[2] Dieses Phänomen — mit zum Teil auch stark beeinträchtigenden körperlichen und psychischen Symptomen — ist immer wieder von Arzneiherstellern, die händisch potenzieren, mitgeteilt worden. [20]

[3] Diese Prüferin reproduzierte in verschiedenen Körperregionen fast exakt die in Hughes' Cyclopedia [46] wiedergegebenen Symptome.

CONVALLARIA

22 m 40a	7	0	1	1	2		
23 w 41a	**16**	**0**	**2(H)**	**1**	**3**		
24 m 39a	3	0	0	0	0		
25 w 31a	14	0	1	2!	3	fragliche Spätreaktion
26 m 42a	7	0	1	1	2	Abbruch wegen Infekts
27 m 37a	8	0	0	0	0		
28 w 31a	6	0	1	2	3		

Legende:
G   Geist-Gemüts-Bereich
T   Traumbereich
K   Körpersymptome
H   vermutete Heilungsreaktion

Die Träume (und sonstige Symptome) der durch Fettdruck hervorgehobenen Probanden wurden in der Bearbeitung und Auswertung als besonders hochwertig angesehen.

Das Rufzeichen (!) hinter der Punktezahl für die körperlichen Symptome der Probandinnen 14 und 25 weist auf die Beobachtung hin, daß bei beiden Prüferinnen in der Nachbeobachtungszeit der Convallaria-Arzneimittelprüfung schwerwiegende und lang anhaltende Krankheitsphänomene (Hyperprolaktinämie!) in Erscheinung traten. Probandin 25 entwickelte ca. 2 Monate nach der Arzneiprüfung im Anschluß an einen akuten fieberhaften Infekt ein bedrohliches Zustandsbild, in dessen Rahmen auch eine Myokarditis diagnostiziert wurde. Hospitalisierung und homöopathische Nachbehandlung über ca. ein halbes Jahr waren erforderlich. Einen Zusammenhang mit Convallaria, den die Herzbeziehung dieses Mittels — Rubrik: Endokarditis! — nahelegt, können wir leider nicht ausschließen, aber auch nicht als unbedingt korrelierend annehmen. Wir müssen uns der Kritik stellen, daß Probandin 25, eine Ärztin, die seit 5 Jahren vor der Arzneiprüfung an einem allergischen Asthma bronchiale litt, sich nicht in jenem »funktionellen Gleichgewicht« befunden haben dürfte, wie es J. Mezger in seiner Einleitung zur »Gesichteten Homöopathischen Arzneimittellehre« [80] gefordert hatte, und somit nicht »prüfungstauglich« gewesen wäre. Fast prophetisch und ein wenig makaber erscheint jener Traum, den diese Prüferin im Rahmen ihrer Arzneiprüfung — noch dazu als Initialtraum — geträumt hatte:

Ich werde von den frisch herzoperierten männlichen Patienten im Krankenhaus belästigt, indem sie mich angreifen wollen und mich nicht loslassen. Ich versuche, sie loszuwerden, — »Ich will das nicht!« sage ich. Die Situation ist mir zuwider. (25 A 0708)

MAIGLÖCKCHEN LÄUTEN LEISE — DAS SEMINAR MIT E. C. WHITMONT

In einem ländlichen Seminarhotel in der Nähe von Wien trafen sich im September 1994 28 Seminarteilnehmer (die Autoren eingeschlossen) und E. C. Whitmont.

Die Traumprotokolle der zweiwöchigen Vorbeobachtungszeit hatten wir Whitmont kurz vorher schon geschickt, damit er sich einen Überblick über die arzneiunbeeinflußten Traummuster der Teilnehmer verschaffen konnte.

Allerdings hielt Whitmont es für möglich, daß schon in der Vorbeobachtungszeit Arzneiinformation »vorauswirkend« (antizipierend) die Träume beeinflussen könnte, das »Feld« der Arzneiprüfung von der Zukunft her die Gegenwart der Vorträume erfasse oder streife. (Wir konnten dafür bei unseren Traum-Arzneiprüfungen bisher allerdings kein sicheres Indiz finden.)

Daß der Beobachter vom Beobachteten nicht trennbar ist, hat sich uns bestätigt, als wir feststellten, daß viele Träume der Vorbeobachtungszeit schon »Whitmont«-Träume waren, d. h., daß Whitmont in verdeckter oder offener Form (als Dr. Whitmont), in den Träumen eine Rolle spielte.

Aus Whitmonts allgemeiner Einführung in das Verständnis von Träumen (dem in den Büchern Whitmonts [112, 113] weitreichend nachgegangen wird) seien hier nur einige wenige prägnante Sätze herausgegriffen:

Der Traum ist das exaktest mögliche Abbild der Lebenssituation des Träumers — ein »psychisches Röntgenbild«.

Ein Traum, den man »weiß«, ist noch nicht verstanden.

Der Traum ergänzt die Sicht des Träumers.

Zur Verletzlichkeit des Träumers und Behutsamkeit des Therapeuten: einen Traum zu besprechen ist, wie chirurgisch einen Bauch aufzumachen.

Was immer Träume an die Oberfläche gebracht haben, muß in einem nächsten Schritt bewußt gemacht und (oft mühsam) erarbeitet werden.

Wie bereits erwähnt, kannte niemand die geprüfte Arznei, als wir uns gemeinsam an die »Traumarbeit« machten. Wer glaubte, auf die Arznei reagiert zu haben? Whitmont begann mit einer Kollegin, die ganz sicher war, im Traumbereich etwas Neues, Fremdes erlebt zu haben.

Zunächst wurde ein Traum aus der Vorbeobachtungszeit, dann ein »Arzneitraum« erarbeitet. Dieses Muster behielt Whitmont während des gesamten Seminars bei. Wir waren zutiefst berührt und beeindruckt von seiner einfühlsamen Kompetenz. Auf dem »Heißen Stuhl« zu sitzen (mit den eigenen Träumen »dranzukommen«) hat niemanden verbrannt, höchstens gewärmt, wenn ein Stück persönlicher Geschichte in das Licht einer wohlwollenden Öffentlichkeit gerückt wurde.

Jeder Traum, auch jeder Arzneitraum, führte tief ins Individuelle des Träumers und Gemeinsames, Auffallendes, Arzneitypisches schien im Verlauf des Seminars immer mehr zu entschwinden. (Siehe dazu auch das Kapitel »Arzneimittelprüfung und Analytische Traumarbeit!)

Als am vorletzten Tag die Liste der Arzneien, aus denen die geprüfte ausgewählt worden war, an der Flipchart hing, und jeder seinen »Tip« abgab, war die Verwirrung groß, die Streuung der vermuteten Arzneien breit und allgemeine Ratlosigkeit im Raum. Nur eine Träumerin hatte auf Convallaria getippt — weil in einem ihrer Träume (23 A 2508) »Con«-(vallaria?) aufgetaucht war.

Nachdem »Convallaria« aus ihrem bislang versteckten Dasein befreit worden war, faßte Whitmont zusammen, was ihm an den Arzneiträumen aufgefallen war: Depressivität, Distanz zu den eigenen Gefühlen wie z. B. Dissoziation vom Gefühl der Bedrohung, — und bettete dies alles ein in sein profundes mythologisches Wissen und in das, was ihm von der »Lily of the Valley« bekannt war.

»Das Vergnügen, aus all dem ein Arzneimittelbild zu entwickeln, das überlasse ich vorläufig Ihnen«, mit diesen Worten und einem verschmitzten, jungenhaften Lächeln verabschiedete sich E. C. Whitmont von uns und entließ uns in jenen detektivischen Arbeitsprozeß, der einen Großteil des hier vorliegenden Materials ausmacht ...

Die Traum- und Symptomenauswertung war auch diesmal schwierig und zeitaufwendig. Wir erkennen, daß es hier nur in sehr beschränktem Maße so etwas wie »Übung« gibt. Immer wieder tauchten Zweifel an der Sinnhaftigkeit der uns selbst auferlegten hohen Standards auf, von denen wir bisweilen annahmen, sie würden uns mehr hemmen als uns lieb war; zu anderen Zeiten waren wir wieder froh, sie anwenden zu können, schützten sie uns doch vor allzu riskanten Höhenflügen, die auch im Nichts enden konnten.

Mehr als bei Rhododendron und anders als bei Berberis ergab sich ein »Verstehen« der Arznei Convallaria für uns diesmal auch durch Einsichtnahme in die Quellenliteratur (Hughes [46]), — siehe das Kapitel »Symptomenliste ... «!

Im September 1995, also genau ein Jahr nach Prüfungsbeginn, trafen wir E. C. Whitmont am Millstättersee zu einem Gespräch, in dem wir das »Maiglöckchen« noch einmal überarbeiteten. Weitere Gedanken, Ergänzungen, Korrekturen durch E. C. Whitmont sind auf schriftlichem Weg über den »Großen Teich« in die Endfassung der vorliegenden Arbeit eingegangen.

CONVALLARIA-TRÄUME

Wer das Licht kennt, lobt den Schatten[4] —
Von der Anästhesie unserer Wunden

> Blüh auf, gefrorner Christ,
> der Mai ist vor der Tür.
> Du bleibest ewig tot,
> blühst Du nicht jetzt und hier!
>
> Angelus Silesius

Durch frühlingsfrisches Erdreich verschafft sich das scheinbar so zarte und unschuldige Maiglöckchen drängenden Durchbruch. So stellt die Signatur der Pflanze ihr Thema vor uns hin — als Beginn eines Werdens, das noch nichts ahnt von Stürmen und vom Welken. Frühlingshaft aufkeimende Erotik, jungmädchenhaft lustvolles Entdecken des Glockenspiels der Sinne ..., — noch dürfen Lust und Neugier walten, Geheimnis um Geheimnis wird enthüllt.

Ich war noch ein junges Mädchen, etwa 11 Jahre, und befand mich mit einer gleichaltrigen Freundin in der Nähe eines Bahnhofes am Lande. Wir warteten jedoch nicht auf einen Zug, sondern spielten uns einfach bzw. unterhielten uns und genossen die Zeit, die wir füreinander haben durften. Ich hatte Nüsse mit (ich wußte, daß ich sie vorher von einem Nußbaum in der Nähe gestohlen hatte), es waren große Nüsse mit einer sehr dünnen Schale, die es nur in Niederösterreich in meiner Jugend gab und die man »Papiernüsse« nennt. Ich erklärte meiner Freundin die besondere Schönheit und Qualität dieser Nüsse. Ja, es war eine richtige Freude für uns beide, diese Besonderheit bei uns zu haben. Ich brach sie auf, indem ich immer zwei Nüsse gegeneinander drückte, es ging ganz leicht wegen der dünnen Schale, und innen waren sie noch so frisch, daß sie noch ein feines, bitter schmeckendes Häutchen besaßen, welches ich für meine Freundin abzog. Dann verspeisten

---

[4.] Alfred Dürkop

wir mit großem Vergnügen diese Nüsse. Ich hatte noch nie in meinem Leben etwas so Köstliches gegessen. (4 A / 1[5])

Zwei junge Mädchen am Bahnhof. Der Bahnhof könnte bedeuten, daß von hier aus bald ein Zug abfahren könnte, der sie in eine andere Lebensphase bringt. Sie stehen am Bahnhof, an der Schwelle zum Erwachsenwerden, »aber sie warten nicht auf einen Zug«.

Die Freundinnen genießen die Zeit, die sie »füreinander haben dürfen«, wohl in dem unbewußten Wissen, daß die Zeit der Spiele mit der Freundin bald vorbei sein wird und neue Interessen sie trennen werden. Die eine erklärt der anderen die Nuß, sie weiß schon mehr (hier könnte ein Hinweis auf sexuelles Wissen sein). Beim Öffnen der Nuß wird eine neue Quelle des Genusses entdeckt (»ich hatte noch nie in meinem Leben so etwas Köstliches gegessen«). Dies könnte verschlüsselt für erste erotische Erfahrungen stehen.

Wird dieses Neue, Aufregende, Köstliche sich entfalten dürfen zu reifer Weiblichkeit (zu reifem Mannsein)?[6] *Was wird aus dem Maiglöckchen, wenn jemand dies unaufhaltsame Drängen, diese durchbrechenden Kräfte »verteufelt«, und sie als bedrohlich erleben läßt?*

Ein neues Bild tauchte auf: das Gesicht einer Frau, die ich als Patientin kenne, und vor der ich immer eine Art vorsichtiger Scheu, um nicht zu sagen: heimliche Angst, habe. Sie kommt in regelmäßigen Abständen zu mir, um Lachesis in steigenden Q-Potenzen zu holen, weiß jedoch nicht, daß es sich um diese Arznei handelt. Nur aus meinen Händen will sie die Arznei empfangen. Wenn ich nicht da bin, wartet sie, wenn es sein muß, auch zwei, drei Wochen. Schon beim ersten Mal hatte ich das unbestimmte Gefühl, auf der Hut sein zu müssen, um nicht mit einem strahlenden Lächeln verschlungen zu werden.

Ich hatte jedoch nie darüber nachgedacht.

[5.] Erklärung der Probandenzuordnung der von uns zitierten Convallaria-Träume, — z. B.: Proband 4, A=Arznei-Traum (d. h. Traum, der während der Arzneieinnahme — und nicht erst in der Nachbeobachtungsphase (N) oder während der Vorbeobachtung (V) — auftrat), Datum der Traumaufzeichnung, erster aufgezeichneter Traum dieser Nacht.

[6.] Zur Etymologie des Monatsnamens »Mai«: »Mai« soll dem altitalischen Gott Maius entsprechen, der als Beschützer des Wachstums (!) verehrt wurde. Und das Maiglöckchen selbst war bei den Germanen der Frühlingsgöttin Ostara geweiht: Jünglinge und Jungfrauen schmückten sich bei Frühlingsfesten mit den duftenden Blumen.

CONVALLARIA

In meinem Traum nun sah ich das Gesicht dieser Frau ganz nah vor mir, und sie hatte genau dieses strahlende Lächeln. Ich war so alt, wie ich jetzt bin, und ich wußte plötzlich, warum ich auf der Hut sein muß: Diese Frau will mich haben. (4 A / 2)

Aus dem Paradies einer duftenden Maiglöckchenwiese gefallen gilt es, auf der Hut zu sein vor (eigenen) als bedrohlich, hexenhaft, schlangenhaft erlebten verschlingenden Weibeskräften.

Standen im vorhergehenden Traum pubertierende Mädchen im Mittelpunkt, ist die Träumerin jetzt erwachsen, und ebenso die Frau, die ihr im Traum begegnet. Die Frau kommt zu ihr, scheinbar, weil sie ihre Hilfe braucht und ihr Verehrung entgegenbringt (»nur aus meiner Hand will sie die Arznei empfangen«). Die Frau ist äußerlich freundlich, die Träumerin aber fühlt sich durch sie bedroht. Die Bedrohung wird schon mit Lachesis assoziiert: Die Arznei der Frau ist Schlangengift »in steigenden Potenzen«. Zur Schlange läßt sich assoziieren: »falsche Schlange«, die lächelt, aber die Träumerin in Wirklichkeit zu »verschlingen« trachtet, »Inkarnation des Bösen, Dämonischen«. Oder auch die Schlange des Paradieses, die verführt. Erotische Assoziationen ließen sich evtl. auch von der hohen sexuellen Potenz bzw. dem starken sexuellen Verlangen herleiten, das der Lachesis-Schlange wie der Lachesis-Person eigen ist. Ein Hinweis sowohl auf das dämonische als auch auf das erotische Element könnte die Traum-Erkenntnis sein: »Sie will mich haben.«

Die Lachesis-Frau im Traum könnte abgespaltene triebhafte Anteile der Träumerin repräsentieren, die dämonisiert, »verteufelt« werden. Die erotischen Gefühle, die vom »unschuldigen« jungen Mädchen noch neugierig angenommen werden, werden hier verdrängt und erscheinen dadurch übermächtig und bedrohlich, sie wollen die ganze Person »haben«.

Soll die frühlingshaft erwachte Erotik in der Sommersonne reifen, bedarf es der Wärme des Herzens, sich ihr zu verbinden. Der Preis dieses Verbundenseins mit dem Herzen, dem Gefühl ist Verwundbarkeit. In mehreren Convallaria-Träumen verschiedener ProbandInnen zeigte sich gerade das Gegenteil: die Abspaltung, die Dissoziation vom eigenen Gefühl, die in Gefahrensituationen unverwundbar macht. An die Stelle von unangenehmen Gefühlen wie Angst, Panik, Trauer, Schmerz tritt Gleichgültigkeit. Mehrere TräumerInnen und auch Whitmont haben dieses Phänomen der Gleichgültigkeit in den Träumen als auffallende Änderung gegenüber den Vorträumen erlebt.

Die Szene ist wie in einem Wildwestfilm oder in Mexiko: steppenartige, sandige, flache Landschaft. Irgendwo sind Unruhen: Es wird geschossen, man sieht aber nicht, von wem, da Staub über der trockenen, dürren Landschaft liegt. Auch sind einige Hügel links und rechts neben der Straße. Mein Mann und ich fahren in seinem Auto die Straße entlang, die in ungeheuerlich schlechtem Zustand ist: ein Schlagloch neben dem anderen, sehr holprig und uneben, aber fast gerade verlaufend. Obwohl die Straße in sehr schlechtem Zustand ist, fährt mein Mann rasend schnell. Auch vor uns fährt ein Auto, und ich sehe, wie es in einem riesigen Schlagloch fast verschwindet, dann abhebt und sich fast überschlägt. Mein Mann müßte das eigentlich auch sehen und darauf reagieren, er rast aber mit unverminderter Geschwindigkeit und quietschenden Reifen weiter.

Erstaunlicherweise verkomme ich nicht vor lauter Angst, kreische auch nicht hysterisch, wie ich es normalerweise zweifellos in einer solchen Situation tun würde, sondern bemerke nur, daß ich nicht einmal angeschnallt bin!

Ich greife nach dem Gurt, um mich anzuschnallen, mein Mann blickt kurz zu mir zur Seite, um zu sehen, was ich mache, und genau in diesem Augenblick rast er in das Schlagloch, das dem Auto vor uns zum Verhängnis wurde. Es gibt ein fürchterliches Geräusch, wir sitzen mit dem Auto fest. Die Unterseite des Wagens ist zweifellos schwerst beschädigt oder gar zerstört, ich frage entsetzt: »Und was jetzt?« Mein Mann antwortet kühl und gelassen: »Das war's!« (Diese Pseudogelassenheit zeigt er immer in Situationen, in denen er nur mehr resignieren, nicht mehr aktiv eingreifen kann.)

Wir steigen aus dem Auto und gehen in eine Art Lokal oder »Bar« — in niedrigen, barackenartigen Häuserzeilen links und rechts der Straße mit staubigen, schmutzigen Gehsteigen davor befinden sich an den Ekken Lokale, die diese Bezeichnung eigentlich nicht verdienen. Die Türen stehen offen, am Gehsteig stehen einige alte wackelige Sessel, und drinnen ist auf einem fleckigen Betonboden eine Theke, wo man Alkohol, Kaffee und ähnliches kaufen kann. Dies kann man stehend oder am Gehsteig sitzend konsumieren. Wir möchten dort aber nur telefonieren, um Hilfe zu holen. Die Leute laufen aufgeregt durcheinander, wieder fallen Schüsse.

Die Straße, die wir gekommen sind, ist mittlerweile sehr breit geworden, sieht aus wie eine Dorfstraße. Am Rand stehen links und rechts Geländewagen und Panzer, hinter denen wir uns ducken und verstekken können, als neuerlich Schüsse fallen.

Das Erstaunliche für mich ist aber, daß ich — obwohl ständig geschossen wird — eigentlich keine Angst habe (das ist absolut untypisch für mich!) ... (17 A 2408)

Es ist Nacht: Die Szene spielt in München ... Jemand wird verfolgt ... Der Verfolgte hängt unter dieser Brücke fest ... , es wird auf ihn geschossen. Daraufhin läßt er sich ins Wasser fallen und schwimmt in irrem Tempo, allerdings mit der Strömung, die auch sehr rasch ist, weg. Seine Verfolger schießen ihm dauernd nach.

... obwohl ständig Schüsse fallen und die Kugeln uns um die Ohren pfeifen, habe ich wiederum keine Angst, getroffen zu werden ... (17 A 2708)

Während die Träumerin sich wundert, daß sie keine Angst verspürt, ist das, was ihr in den Träumen entgegenschlägt, Gewalt, kriegerische Aggression. Besonders deutlich drängt sich dieses Thema im folgenden Traum in den Vordergrund.

Ich gehe auf einem dunklen Weg, der wie ein Privatweg aussieht, auf ein dunkles Haus zu. Plötzlich stürzt sich ein relativ kleiner Dobermann auf mich und beißt mich in den rechten Unterarm. Ich wollte die ganze Zeit schreien (Hallo oder Hilfe), aber aus meiner Kehle kommt kein Ton. Ich denke mir, wenn er bloß bellen würde, würde ihn jemand hören, daß er meldet, daß wer kommt, und er würde zurückgepfiffen. Aber auch der Hund bleibt fast stumm, nur ein bösartiges Knurren kommt aus seiner Kehle. Es gelingt mir irgendwie, ihn zu würgen, bis er bewußtlos ist.

Er wird immer kleiner. Ich packe den bewußtlosen Hund an den Hinterbeinen und schlage ihn gegen eine Mauer — mehrmals. Ich höre seinen Schädel krachen und weiß, daß er tot ist. (5 A 0109)
Der Haß des Hundes wurde mit kalter Wut beantwortet. Wut, die — im Gegensatz zu Zorn —, nicht aufhört, wenn der Anlaß längst beseitigt ist, der somit ein irrationales Moment anhaftet. [74]
Ich bin mit etwa 17jährigen Zwillingen zusammen. Wir plaudern, ich kenne sie nicht näher. Es sind zwei Mädchen. Nach einiger Zeit wird klar, daß eine der beiden Zwillingsschwestern gestorben ist, aber schon vor Jahren. Ich spreche auch nur mehr mit einer der beiden. Sie verhält sich emotional völlig neutral, als das Gespräch auf den Tod ihrer Zwillingsschwester kommt, weder ist sie traurig, noch erschüttert, noch zeigt sie irgendeine positive Reaktion ... (17 A 2808)
Ich bin im Haus meiner Großeltern, in dem ich meine halbe Kindheit verbracht habe, und unterhalte mich mit den Menschen, die dort wohnen, und die mir samt und sonders lieb und teuer sind. Die Sprache kommt auf den »Opec-Überfall« bei der Olympiade 1972, an der mein Onkel (selbstverständlich nur im Traum) ... teilgenommen hat ... Irgendwie erleben wir diesen Überfall nun auch mit, während wir darüber sprechen.
Es ist dunkel, Schüsse fallen, die Szene erinnert an Bürgerkrieg: Leute laufen schreiend, entsetzt und in Panik durcheinander ... Überhaupt wirkt die Szene jetzt nicht bedrohlich, keiner von uns hat Angst, vielmehr unterhalten wir uns eher theoretisch und als außenstehende Beobachter über Gewalt, Mord, Terroranschläge, Krieg etc ... (17 A 2508)
Ich befinde mich auf einem Balkon im ca. 20. Stock einer Ferienanlage, z. B. wie in Teneriffa, unter dem Balkon ein Schwimmbecken mit beachtlicher Tiefe, es ist Ferienstimmung und bestes Wetter ... Ich überlege, wie es wäre, vom Balkon in den Swimmingpool hinunterzuspringen. Ich weiß, daß das verboten ist ... , da springt ein kleines Kind, das sich in der Nähe meines Balkons befindet, nach unten. Nach meiner Einschätzung dürfte es den Sprung nicht überleben. Ich sehe es dann ganz klein am Boden des Beckens und denke, ob das wohl gut gegangen sei.

Einige Zeit später klettere ich über das Geländer und springe hinunter, ohne den Aufprall am Wasser zu bemerken. Es ist nicht das geringste Angstgefühl dabei, im gesamten Traum ist mir alles völlig gleichgültig, ich befinde mich in einer unbeteiligten Beobachterrolle. (8 A 3108) Traum von einer vor zwei Jahren (an Brustkrebs, Anm. d. Verf.) verstorbenen Tante, zu der wir sehr schönen Freundschaftskontakt hatten.

Wir wanderten gemeinsam und machten anschließend eine Bootsfahrt auf einem sehr fremd anmutenden See. Während der Fahrt auf dem völlig glatten See kamen einige riesige, haushohe Wellenwände auf uns zu; wir haben mit Spannung, aber ohne Angst auf die Begegnung mit den Wellen gewartet. (3 A 0809)

Der Prozeß zunehmenden »Dichtmachens«, fortschreitender Entfremdung vom Fühlen (das Fehlen zu erwartender Gefühle!) wird auch eindrucksvoll durch folgende, aus drei Träumen bestehende Sequenz beschrieben und mit nachstehender Beobachtung eingeleitet:

Stunden nach der (ersten! — Anmerkung der Verfasser) Einnahme verspüre ich einen starken Druck auf der Brust, als wäre sie zu.

Träume:

Ich sehe eiserne Vorhangschlösser auf einem Arbeitstisch, die ich streichen muß. Ich sehe in der Nacht immer wieder eiserne Vorhangschlösser. (15 A 2108)

Ich bereite vor, stimme zu, daß etwas (von mir) hinter Schloß und Riegel kommt.

Ich bin schwanger von einem Angestellten des Geschäfts meines Vaters. Das macht mir ein sehr erotisches Gefühl im Bauch. Er will mich heiraten. Der Gedanke an Heirat macht mich unglücklich, weil ich den Mann eigentlich nicht mag. Ich nehme Abstand von ihm. (15 A 2108)

Erotik kann ich genießen, wenn Erotik »verbindlich« werden soll, gehe ich auf Distanz; Erotik und Liebe sind voneinander getrennt.

Ich stehe in einer Menschenmenge und warte. Plötzlich kommt jemand und spannt eine Kette zwischen den Leuten durch. Die Gruppe ist plötzlich in zwei Teile geteilt. Eine bleibt in Freiheit, die andere wird in ein Gefängnis oder Konzentrationslager gedrängt. Ich befinde mich

unter den Gefangenen und schreite ohne Angst oder irgendeine unangenehme Emotion dem Lager entgegen. (15 A 2108)
Die Trennung ist vollzogen. Ich schreite (gefühllos) meinem (Gefühls)-Tod entgegen.
Diese Prüferin mußte die Arzneiprüfung wegen aufsteigender Depressivität abbrechen.

Der Traum des Prüfers 21 erfaßt dasselbe Thema in umgekehrter Richtung: verdrängte Gefühle werden wieder wachgerufen. Hier scheint sich eine heilsame Entwicklung anzudeuten.

Wehmut: Ich bin 47 Jahre alt und hätte, was ich machen will, schon vor 20 Jahren beginnen können. So hätte ich vor 20 Jahren (dem Beginn einer Depression und einer unglücklichen Liebe) eine Psychoanalyse machen und mein Mathematikstudium zu Ende bringen können. Wehmütig denke ich an die vergangenen Möglichkeiten und habe das Gefühl und die Angst, meine Chancen verpaßt zu haben. Ich habe auch erstmals wieder ein deutliches Gefühl für meine früheren Intentionen. (21 A 0509)

Putze mir die Zähne mit der Bürste meiner Frau. Ein Borsten bleibt im Zahnfleisch hängen. Ich sehe dann im Spiegel, daß aus dem Oberkiefer, wo ich vor 20 Jahren operiert wurde, kleine weiße Stippchen hervorstehen. Ich ziehe mit einer Pinzette daran, und es kommt ein langer Faden zum Vorschein. Ich vermute, daß es ein Faden ist, der noch von der Operation vor 20 Jahren stammt und nun endlich herauskommt. Gleichzeitig denke ich an Würmer, die aus dieser alten Wunde hervorkriechen. (21 A 0909)

Im Sigmund-Freud-Haus sehe ich alte Filmaufnahmen von Freud. Plötzlich bekomme ich drückende Schmerzen in der Herzgegend, so daß ich tief atmen muß, um die Schmerzen zu ertragen ... (21 A 1109)

Eine alte Wunde bricht auf, — ein Schmerz, der damals (vor 20 Jahren) nicht genügend durchtrauert wurde, nicht wirklich verheilt ist (es ist noch »der Wurm drin«). — Convallaria legt noch einmal den Finger in diese Wunde, macht fühlbar, was (durch anästhesierende Verdrängung?) »vergessen« war?
Erstarrung bis hin zur Totenstarre — Ausdruck nichtfließenden Gefühlsstroms, gefangener Lebendigkeit — Depression! — zeigt sich im folgenden

CONVALLARIA

Traum als Möglichkeit des Nichtfühlenmüssens; und Convallaria selbst betritt als Heilende die Traumbühne.

Ich finde es aus irgendwelchen Gründen gut, meinem Exmann gegenüber so zu tun, als würde ich sterben. (Vielleicht will ich wissen, wie er reagiert, ob er mich noch liebt.) Er reagiert ganz gelassen, klappt mich wie ein Taschenmesser zusammen und trägt mich. Dann gehe ich und schaue aus wie eine Todkranke. Er überprüft meine Finger, ob die Totenstarre schon eingetreten ist. Meine Finger sind eiskalt und verkrümmt, und er ist zufrieden. Eine Frau sagt, sie könne mir helfen, und bringt mir etwas zwischen Belladonna und Mandragora (Con ... ?). (23 A 2508)

Nahm das Unbewußte der Prüferin Anleihe bei Shakespeares »Romeo und Julia«? Dort ist es der Pater, der Julia auf deren Wunsch mit Hilfe von Mandragora in einen todesähnlichen Tiefschlaf versetzt, um sie mit ihrem Liebsten zu vereinen (4. Akt, 3. Szene), hier ist es Convallaria, die Arznei »zwischen Belladonna und Mandragora«, die eine als Liebesprobe herbeigeführte totenähnliche Starre zu lösen vermag.

Die Ähnlichkeit der Nachtschattengewächse Belladonna und Mandragora mit Convallaria betrifft sicher die Betäubung, ein Sich-Entziehen in die Anästhesie und den Schlaf. »Bella Donna«, die schöne Frau, und Mandragora, die Hexe mit ihrer potentiell zerstörerischen Macht sind keine Alternativen, so wie »gut« und »böse« nicht Kategorien sind, von denen eine auszuschließen ratsam wäre. Durch das Hereinnehmen beider, des Schönen und des Häßlichen, durch das Ansehen dessen, was ist, wandeln sich die Hexenkräfte vom feindlichen »Gegen« zum freundlichen »Mit«. Wenn wir der Traumregie zutrauen, daß sie auch lateinisch spricht, so könnte dieses »Mit« in der kleinen Silbe »con« gemeint sein. Und Con-vallaria majalis betritt den Traum mit der Botschaft, daß nicht entweder Belladonna oder Mandragora, sondern die Mitte zwischen beiden die Totenstarre zu lösen vermag ...

Wenn der Schmerz überhand nimmt und das Heilende, Erlösende fehlt, hilft manchmal nur Betäubung oder Schlaf.

... Ein Mann, der sehr gut aussah, erzählte, daß die beiden Frauen einige Schlaftabletten genommen haben, weil sie so starke Schmerzen hatten. Sie waren kaum erweckbar. Sie lagen da, zur Seite gedreht, sehr dick, schlafend, ich kannte sie beide (sie kamen mir bekannt vor) ... (9 A 2308)

... eine Szene, wo zwei Patientinnen in einer gefüllten Badewanne liegen und schlafen — eine völlig unter Wasser, bei der anderen schauen Mund und Nase heraus. Beide sind nicht ertrunken ... (10 A 2808)

Schlaf und ein fast narkotischer Zustand sollen helfen, eine unerträgliche Situation erträglich zu machen, Distanz zu schaffen, sich einem Schmerz zu entziehen. Dazu auch der Hinweis, daß das Symptom »*Schläfrigkeit während Schmerzen*« bei R. Hughes [46] ein sich wiederholendes Symptom aus einer alten Arzneimittelprüfung ist (siehe später!).

Ein Motiv in mehreren Träumen ist vorzeitiges Altern, Vertrocknen, ein beunruhigendes Fahlwerden früherer Buntheit und Lebendigkeit — vielleicht ein Verzicht.

Ich sehe meine beste Freundin plötzlich abgemagert in gebückter Haltung. Sie trägt einen olivgrün-weiß gemusterten Hosenrock mit Trägern und eine weiße Bluse dazu. Ihre Augen liegen tief in den Höhlen, und ihre Haare verdecken teilweise das eingefallene, graue Gesicht. Auf die Frage, was mit ihr los sei, meint sie, es sei eh' alles in Ordnung.(6 A 22 08)

... : dunkelblauer Faltenrock, helle Bluse, alles züchtig lang oder zugeknöpft, das lange Haar glatt nach hinten gekämmt und mit einer Schleife zusammengehalten. Auch ihr Wesen, ihr Benehmen ist seltsam ruhig, beherrscht, irgendwie sittsam. Ich fühle mich in ihrer Nähe zwar wohl, bin aber doch irritiert, verwundert. Was ist nur mit ihr geschehen? Sie ist doch sonst in jeder Beziehung auffällig, laut, fordernd, schillernd. Die Beleuchtung der Szene ist gedämpft, es ist dämmrig in der Wohnung, alles wirkt seltsam farblos und grau.

Wir beschäftigen uns mit ihrem kleinen Hund (einem Scotchterrier, den sie wirklich hatte): Wir knien vor ihm auf dem Boden, schauen ihn an, als ob wir etwas suchen würden, eine Erklärung, Krankheit, ein Zeichen welcher Art auch immer. Er ist aber nicht wirklich krank, nur auch viel ruhiger, als er in Wirklichkeit war. (17 A 2508)

Zum Traum befragt, der ja auch das Sich-Beruhigen einer überschießenden »Animalität« bedeuten könnte, meinte die Träumerin, daß die Wandlung ihrer Freundin sie erschreckt und befremdet habe, als seien Vitalität und Lebensfreude weggeblasen.

Als Gegenbewegung zu schwindender Vitalität spricht der folgende Traum von erfolgreicher Behandlung: zunehmende Aufrichtung aus gekrümmter Haltung.

Zwei Frauen gehen vorüber, die eine schlank mit blondem Zopf, die andere etwas fülliger, dunkelhaarig mit blauer Hose und blauem T-Shirt bekleidet. Beide gehen gekrümmt und mit weit nach hinten gestrecktem Gesäß.
2. Szene: Die beiden Frauen hocken an einem Flußufer und setzen Bausteine zusammen.
3. Szene: Die beiden Frauen kommen zu mir zu Besuch. Ich reinige das Fensterbrett auf der Terrasse. Der Gang der beiden ist jetzt eher aufrecht, weil sie eine Behandlung erhalten. Alle freuen sich über den guten Erfolg. (12 A 25 08)

Und noch eine Möglichkeit, das Herz zu vermeiden, zeigt uns Convallaria: An ihm vorbei-turnen, -klettern, -schweben, — hoch hinauf, in die Höhe des Intellekts oder in die Weltabgeschiedenheit eines Klosters.

In einem anderen Bild fahre ich in einer Materialseilbahn, es ist noch jemand zweiter (ein Mann) dabei, auf einen steilen Berg, wo dann ein Kloster ist. Ich sehe mich von außen hoch in der Luft in der Seilbahn nach oben schweben. (10 A 3008)

Oder — in der humorvollen Sprache des »Convallaria-Traumfilmverleihs«:
Frau und Herr Kopf — ein älteres Ehepaar — liegen zu zweit in einem Spitalsbett, obwohl genügend Betten frei wären. Herr Kopf hält an seiner linken Brust einen Cassettenrecorder, aus dem Babygeschrei ertönt. Ich fordere ihn bummelwitzig auf, das Baby auch an die rechte Brust anzulegen, damit es zu schreien aufhört. (12 A 3108)

Es ist kein lebendiges Baby, das da schreit, — kein echtes Gefühl eines Mangels, das da ertönt, — es ist nur ein Cassettenrecorder (Assoziation der Träumerin: » ... ein Gerät zur Wiedergabe von Geräuschen«), nichts Wirkliches, nichts Ernstzunehmendes. Herr und Frau Kopf sind zu sehr im Kopf, körperlos. Babygeschrei, aber nur im Kassettenrecorder: keine echte Beziehung des Ehepaares, kein wirkliches Kind, das sie verbindet, die Lebendigkeit fehlt. (Bezug zur postulierten Gefühllosigkeit von Convallaria.)

Dem nicht wahrgenommenen, abgespaltenen, verdrängten Gefühl, das zur Befreiung drängt und in die Mitte genommen werden will (Integration), bleibt oft keine andere Wahl des Ausdrucks als die Krankheit.

Meine Schwester liegt im Spital, und es wurde die Diagnose MIS (Multiples Infarktsyndrom) gestellt. Sie ist munter, ansprechbar, hat aber einige Finger und Zehen blau verfärbt. Ich diskutiere mit dem behandelnden Arzt, daß Diagnose und Symptome nicht zusammenpassen, es wird mir erklärt, daß das ein Sonderfall sei. (28 A 2408)
Meine Schwester zeigt mir, daß ihre linke Brust etwas härter geworden ist. Ich erschrecke, weil ich sehe, daß es das Stadium eines fortgeschrittenen Brustkrebses ist. (23 A 2908)
Assoziationen: Gefühlsverhärtung, Hoffnungslosigkeit ... die linke Brust = die Herzregion.

An dieser Stelle möchten wir auf ein sehr auffallendes Traumbild hinweisen, das bei vielen Träumerinnen vorkam (und nur bei den Frauen): die zwei jungen Mädchen (4A/1), die beiden schlafenden Frauen (9 A 2308), die beiden badenden Frauen (10 A 2808), die 17jährigen Zwillinge (17 A 2808), Traum-Ich mit Freundin oder Schwester mehrmals, die beiden gekämmten Frauen (12 A 2508). Für dieses Phänomen haben wir derzeit noch keine Erklärung. Eine Entsprechung findet sich allerdings in der Signatur des Maiglöckchens: Die Beeren haben *zwei* blaugefärbte Samen.

Herr H., ein aidskranker Patient, der im Sommer verstorben ist, kommt zu mir. Ich habe ihm vor einiger Zeit ein Buch geschickt und zuletzt einen wunderschönen Pullover (schwarz-weiß, peruanisches Muster), er hat sich sehr gefreut und will sich in Kärnten einen Ort suchen, um sich in Ruhe auf seinen Tod vorzubereiten. (23 A 2108)
Assoziationen: Aids in diesem Fall Folge verantwortungslos gelebter Sexualität, —ein peruanischer Pullover würde die Brust wärmen, — Peru: lateinamerikanische Lebensfreude, Spiritualität ... Kärnten: Heimat, Heimgehen, in den Tod gehen ...

Ich werde von den frisch herzoperierten männlichen Patienten im Krankenhaus belästigt ... (25 A 0708)

Ich gehe auf Visite in ein Altersheim (liegt in einem großen Park, ein hochherrschaftlich anmutendes Haus). Heraußen im Garten sitzt ein alter Mann in einem Rollstuhl und versucht, seinen rechts gelähmten Arm mit seiner gesunden linken Hand zu beüben ... (5 A 3008)

> ... Ich mache mich über meine Mutter lustig, die maßlos übertreibt, was die Gesundheit meines Vaters betrifft. Dann sagt sie, daß er in der Früh einen Schlaganfall hatte. Ich bin bestürzt, gehe zu ihm, er schläft mit erhöhtem Oberkörper, schaut sehr mitgenommen aus ... (9 A 2308)
>
> Ich sehe von weitem, daß ein Freund meines Exmannes einen Selbstmordversuch gemacht hat. (Er ist tatsächlich sehr depressiv.) Gleichzeitig ist er auch eine entfernte Bekannte, die vor einiger Zeit wirklich durch Sturz aus dem siebenten Stock Selbstmord verübt hat. Ich laufe hin, es stehen viele Leute herum, ich biete ihm/ihr an, ihn/sie mit nach Hause zu nehmen. Er/sie schüttelt nur blaß mit traurigen Augen den Kopf und sagt, er/sie wolle zu sich nach Hause. Ich respektiere das und gehe. (23 A 2408)

Zuletzt noch ein Traum, der die »Verwundung« und gleichzeitige Distanzierung von Schmerz und Angst noch einmal deutlich macht:

> Kriegsszene aus meinem Heimatort. Jemand wird an der linken Schulter verletzt. Diese Szene wird rekonstruiert, und ich bin dabei, wie jemand erläutert, was es bedeutet, wenn man aus dieser Entfernung in die linke Schulter getroffen wird. Plötzlich bin ich selber in der Position des Schußopfers. Merkwürdigerweise habe ich keine Angst. Vermutlich weil es »nur« die Nachstellung der ursprünglichen Szene ist. Jemand hat dann auf mich gezielt und vermutlich auch auf mich geschossen. Dann bin ich plötzlich in der Beobachterposition und sehe mich als Schußopfer, das von 2 Kugeln in das linke Schultergelenk getroffen ist, und überlege gleichzeitig, wie das wohl ist, wenn man derart verletzt worden ist. (21 A 0509)

ZUSAMMENFASSUNG UND HYPOTHESE — DORNRÖSCHEN, DIE FEE UND DER PRINZ

Aus dem unerschöpflichen Archiv des Unbewußten hat Convallaria in uns eine Vielzahl von Träumen wachgerufen, die sich — in verschiedener Weise geprägt durch die Individualität der TräumerInnen — um eine Mitte zu ranken scheinen:

Um das eingeschlossene Herz. Von den Dornen der Heckenrose des schlafenden Dornröschens wird alles abgewehrt, was den komatösen Dauerschlaf des betäubten Gefühls durchdringen könnte. Und der Schutzwall wird immer dichter, wenn Jahr um Jahr kein Mutiger sich findet, der den Schmerz und die Verwundung durch die Dornen riskiert, das Innen wiederbelebt und erlöst, so daß die Dornen weichen und das ganz gewöhnliche Leben und Lieben wieder stattfinden kann.

Wodurch kam es zu jenem Tiefschlaf?

Eine gute Fee war nicht eingeladen worden, beim Feste mit dabei zu sein — dadurch verwandelte sich ihre Feennatur in die einer bösen Hexe, die Gift und Tod gebracht hätte. Dies größte Unglück konnte abgewendet werden, — hundert Jahre ohne bewußtes Sein waren die Folge. Nur das Gestrüpp war lebendig in dieser Zeit und wurde immer undurchdringlicher.

Auf Convallaria übertragen, wäre die »vergessene«, nicht eingeladene gute Fee die aufblühende, drängende Erotik, das Erwachen des Herzens. Wird diese Fee mißachtet, durch rigide Konvention und engherzige Moral dämonisiert, oder ganz einfach für unwichtig erklärt angesichts der anderen guten Feen, die da heißen mögen »Fleiß«, »Vernunft«, »Pflicht«, oder »Intellekt«, dann spuckt sie Gift und Galle!

Dornröschen sticht sich an einer Spindel. Ein kurzer Schmerz, ein kleiner Tropfen Blutes — kaum wahrgenommen, — schon eilt der Schlaf zu Hilfe und breitet sich über das ganze Schloß.

Für Convallaria vermuten wir als äußere Komponente, als »Ätiologie«, eine einmalige traumatische und/oder musterhaft wiederholte *Dämonisierung des Eros*. Der zugehörige innere Aspekt ist eine Verarbeitungsstrategie, die den jeweiligen Möglichkeiten des Ich entspricht: Convallaria reagiert offenbar mit Betäuben, Abspalten, Verdrängen, Verstummen.[7]

Die von uns postulierte Convallaria-Thematik läßt sich also folgendermaßen zusammenfassen:

Anästhesie, Betäubung
Distanz zu Verletzung, Wunde, Schmerz, Angst oder Trauer

---

[7] Es würde auch zur Sicherheit, Verläßlichkeit und Qualität unserer homöopathischen Verordnungen beitragen, könnten die zentralen Phänomene unserer Patienten in ihren solcherart differenzierten äußeren und inneren Komponenten verstanden werden.

Rückzug aus dem Leben, Verblassen der Farben, Starre, Depression, eingesperrt hinter eiserne Vorhangschlösser oder dorniges Gestrüpp
Somatisierung des nicht zum Lebensfeste geladenen Gefühls
Abspaltung einer Lebenskraft, die ohne Verbindung zur Mitte ein vielleicht destruktives Eigenleben führt: Egoismus, herzlose, verantwortungslose Sexualität
Oder aber die Unterwerfung des Ich unter ein »madonnenhaftes« Überich-Ideal, das von klösterlichen Bergeshöhen die Niederungen des Gefühls zu verbannen trachtet. Mag sein, daß all das Ungelebte sich einmal gewaltsam Durchbruch verschafft, — mag sein, daß das physische Herz in vitaler Not zu Beachtung zwingt.

Maiglöckchen und »Marienkind«

Eugen Drewermann, katholischer Theologe, Kirchenkritiker und Psychotherapeut, beschreibt in seiner tiefenpsychologischen Analyse des Märchens »Marienkind« [27] ein Mädchen, das seine verbotene sexuelle Lust entdeckt. Die Fülle von Parallelen zu Convallaria könnte unser Verständnis dieser Arznei erweitern und vertiefen.

Die Übertretung des Verbots und das Leugnen der Übertretung werden beim Marienkind vom madonnenhaften Über-Ich schwer bestraft — gleichsam mit dem Sturz aus himmlischer Geborgenheit. Oder — wie Drewermann es formuliert — statt ... »Integration des Unbewußten im Ich« ... erlebt das Marienkind ... »die Unterwerfung des Ich unter bestimmte Dressate des Über-Ich« ...

Das Marienkind verarbeitet sein traumatisches Erlebnis mit Leugnen, Schlafen und Verstummen. Die Auswahl von Träumen unter Convallaria, in denen Schlaf, Bewußtlosigkeit, Betäubung einerseits sowie Höhen und Klösterlichkeit andererseits vorkommen, sei überblickshaft zusammengefaßt:

23 A 2508 Ich finde es aus irgendwelchen Gründen gut, meinem Ex-mann gegenüber so zu tun, als würde ich sterben ... (Seite 146)

9 A 2308 Ein Mann, der sehr gut aussah, erzählte, daß die beiden Frauen einige Schlaftabletten genommen haben ... (Seite 146)

10 A 2808 ... eine Szene, wo zwei Patientinnen in einer gefüllten Badewanne liegen und schlafen ... (Seite 147)

17 A 2508 ... Meine Freundin, die sich immer sehr auffallend und sexy kleidete und benahm, wirkt plötzlich wie ein behütetes junges Mädchen aus einer Klosterschule ... (Seite 147)

10 A 3008 In einem anderen Bild fahre ich in einer Materialseilbahn, es ist noch jemand zweiter (ein Mann) dabei, auf einen steilen Berg, wo dann ein Kloster ist ... (Seite 148)

Übrigens ist die »verlorene Sprache« eine aus der Phytotherapie bekannte Indikation für Convallaria (siehe das Kapitel »Weitere klinische Hinweise«).

CONVALLARIA — SELBST AUF DER TRAUMBÜHNE?

Einige unter Convallaria geträumte Bilder lassen uns wieder daran denken, daß sich der arzneiliche »Traumregisseur« — ganz im Stil Pasolinis — in einigen Träumen (an scheinbar belangloser Stelle?) verbergen kann. Hierzu einige Beispiele:

... ich zeichne noch eine Spirale mit blauer und roter Tinte in die rechte untere Ecke. Inzwischen wird ein Stufenrelief aufgebaut; die unteren Etagen in verschiedenen Abtönungen von ziegelrot, die oberen in wunderschöner Schattierung von stahlblau zu türkis. (12 A 0309)

Maiglöckchenbeeren haben (zwei) blaugefärbte Samen; das Fruchtfleisch ist rot.

... Mein Weg führt mich an vielen Zinnglöckchen vorbei, die bei der leisesten Berührung hell ertönen. Schließlich erreiche ich eine bronzene Glocke. Sie ist so groß, daß man in ihr hochsteigen kann. Ihr Ton aber ist dünn und jämmerlich (12 A 2208)

Ich sehe meine beste Freundin plötzlich abgemagert in gebückter Haltung. Sie trägt einen olivgrün/weiß gemusterten Hosenrock mit Trägern und eine weiße Bluse dazu ... (6 A 2208)

Das Glöckchen- bzw. Glockenmotiv des ersten Traums bedarf wohl keiner Erläuterung, ebensowenig die »maiglöckchengestylte« Traumfreundin der Probandin 6. Bei beiden Prüferinnen handelte es sich um Initialträume, also unmittelbar nach der ersten Arzneieinnahme geträumte Bilder.

SYMPTOMENLISTE VON CONVALLARIA

Infolge der bisherigen »Kleinheit« Convallarias ist es nicht allzu schwer, sich einen Überblick über bisher vorliegendes Material zu verschaffen. Die beste Quelle hierfür ist der zweite Band der »Cyclopedia« von R. Hughes und I. P. Dake [46], die die Prüfungssymptome dreier Probanden (zweier Männer und einer Frau, offensichtlich der Gattin des Probanden 1 — I. T. Lane, Mrs. C .E. Lane, J. A. Vansant) beinhaltet, auf die sich wohl fast alle bisher von Convallaria bekannten Symptome stützen. Die von Hughes und Dake angegebene Prüfung erscheint uns zwar ungenügend, aber durchaus brauchbar, obwohl sie mit insgesamt heroisch zu nennenden Dosen von Maiglöckchen-Tinktur durchgeführt wurde.

In der nachfolgenden Symptomenauflistung haben wir versucht, unsere Prüfungsergebnisse (und einige uns wichtig erscheinende toxikologische Daten) in bisher vorliegendes (hauptsächlich Hughes) einzuarbeiten, in der Hoffnung, ein vollständigeres und sinnhafteres Symptomenbild der Arznei präsentieren zu können, als dies bisher möglich war.

CONVALLARIA-SYMPTOME

Neue Symptome[8]
Bestätigte Symptome[9]
Aus der Original-Arzneimittelprüfung in Hughes' Cyclopedia [46] bestätigte und ergänzte Symptome*
Toxikologische Symptome (T)
Symptome von Hughes [HS] («Cyclopedia« [46]) bzw. Clarke [C] («Dictionary« [22]), die durch unsere (Nach)prüfung nicht bestätigt werden konnten, aber im Gesamtkontext bedeutend erscheinen

Gemüt — *Erschöpfung** : Proband 21[10]

Gemüt — Gedächtnisschwäche — tun wollte, was sie gerade: 10

Gemüt — Gedächtnisschwäche — getan hat, was sie gerade: 10

[8.] (N) = neues Symptom im Repertorium
[9.] Referenz: R.A.D.A.R., Version 4.0 [90]

Gemüt — Konzentration — schwierig: 4
Gemüt — Kummer — über Kleinigkeiten (bisher 1-wertig): 19
Gemüt — Kummer — leicht (1): 3, 19
Gemüt — Mangel an Selbstvertrauen: 12
Gemüt — Qualvolle Angst, Panik — morgens beim Erwachen, »wie von Stromstößen durchzuckt«, — sie könnte einen Fehler begangen haben: 12 (N)
Gemüt — Reizbarkeit (1): 3, 7, 12, 13, 19
Gemüt — Seufzen: 9
Gemüt — Stumpfheit (1): 9
Gemüt — Traurigkeit* : 21[11]
Gemüt — Traurigkeit — bei Kopfschmerzen: 21
Gemüt — Verweilt bei vergangenen unangenehmen Ereignissen — bei Enttäuschungen: 21
Gemüt — Vergeßlich: 4, 17
Gemüt — Vergeßlich — für Worte — für abstrakte Begriffe: 17 (N)
Gemüt — Vergeßlich — für Zahlen: 17 (N)[12]
Gemüt — Verwirrung: 17[13]
Gemüt — Zerstreut* : 10[14]

Schwindel — Schwanken: 10
Schwindel — Watte, wie Watte im Kopf: 10

---

[10] Originalsymptom der Prüferin 2 in Hughes' Encyclopedia: »Große Erschöpfung; ... mußte sich ins Bett legen.« Und: »Gefühl, als ob sie sich gerade von einer langen Erkrankung erholen würde; ... « (diese und alle folgenden Übersetzungen aus Hughes/Dake durch die Verfasser)

[11] im Protokoll des Prüfers 21: »Wehmut«.

[12] Als Vergleich hierzu aus Hughes (2. Prüferin): »Findet beim Lesen kleine Worte (wie z.B. »der«, »es«, »zu« usw.) am Beginn eines Satzes, die in Wirklichkeit gar nicht da sind, und der Buchstabe »P« steht für andere Buchstaben; ... «

[13] Nachtrag der Prüferin 17, einige Tage nach Abschluß der Prüfung: »Ich habe eben bemerkt, daß ich zwei verschiedene Schuhe anhabe, — nein, nicht nur einen verschiedenen rechts und links, sondern einen blauen und einen schwarzen!«

[14] Probandin 2 in Hughes' Cyclopedia: » ... der Geist wandert weg vom gelesenen Gegenstand.«

Kopf — Abheben der Schädeldecke (bei Hinterkopfschmerzen): 10
Kopf — Jucken der Kopfhaut: 7
Kopf — Schmerz (1): 3, 10, 13, 17, 21
Kopf — Schmerz — Bier, Genuß von — bessert: 17 (N)
Kopf — Schmerz — Sonne, durch Aufenthalt in der — : 17
Kopf — Schmerz — dröhnend — Husten, bei: 3 (N)
Kopf — Schmerz — drückend: 3, 21
Kopf — Schmerz — drückend — Bewegen des Kopfes verschlimmert: 3
Kopf — Schmerz — drückend — Hinterkopf (1): 21
Kopf — Schmerz — drückend — Stirn: 3, 21
Kopf — Schmerz — drückend — Stirn — Schwindel, mit: 3 (N)
*Kopf — Schmerz — drückend — Stirn — über den Augen**: 21
Kopf — Schmerz — dumpf* : 3, 10
*Kopf — Schmerz — dumpf — Hinterkopf**: 10
Kopf — Schmerz — dumpf — Stirn: 3
Kopf — Schmerz — Hinterkopf* : 6, 10
Kopf — Schmerz — Hinterkopf — pulsierend: 10
Kopf — Schmerz — Scheitel: 17
Kopf — Schmerz — Schläfen* — nachts: 13
Kopf — Schmerz — Seiten — links (1): 6
Kopf — Schmerz — Stirn — links — abends — 21 Uhr: 3 (N)
Kopf — Schweregefühl* : 3, 6
Kopf — Schweregefühl — Stirn*: 3
Schwindel: 3
*Auge — Schmerz** — Sonnenlicht verschlimmert: 10
*Auge — Schmerz** — Augenhöhlen, in den: 10 (N)
*Auge — Schmerz — drückend** — von innen nach außen[15] — Bewegen der Augen verschlimmert: 3 (N)
*Auge — Schmerz — drückend** — von innen nach außen — Druck und Berührung verschlimmert: 3 (N)
Auge — Schwellung — Lider — morgens (beim Erwachen): 10
Nase — Absonderung — gelb: 3
Nase — Absonderung — wäßrig: 3

[15.] Probandin 3: » ... wie von einem Tumor.«

Nase — Geruch — fruchtig: 12 (N)
Nase — Niesen (T)
Nase — Schnupfen — mit Absonderung (Fließschnupfen): 13
(Gesicht — Hautausschläge): 12
Gesicht — Hautausschläge — Pickel: 17
Gesicht — höckrig, uneben — Lippen — Innenseite: 3
Gesicht — Petechien — Lippen — Innenseite: 3
Gesicht — Trockenheit — Lippen: 3
Mund — Aphthen — Gaumen: 3
Mund — Aphthen — Zunge — Unterseite der Zunge: 3 (N)
Mund — Farbe — Gaumen — rot — Flecke: 3 (N)
Mund — Farbe — Gaumenbogen — rot — Flecke: 3 (N)
Mund — Farbe — Zunge — rot — Kanten (1): 6
Mund — Farbe — Zunge — schmutzig (1): 3
Mund — Flecke — Gaumen — rot: 3 (N)
Mund — Flecke — Gaumenbogen — rot: 3 (N)
Mund — Schleim, Schleimabsonderung etc. — fliegt beim Husten aus dem Mund: 3
Mund — Schmerz — wund schmerzend — Zunge (1): 3, 5
Zähne — Schmerz: 17
Hals — Schmerz (1): 3, 12, 13
Hals — Schmerz — morgens — beim Erwachen (Besserung nach dem Aufstehen): 13
Hals — Schmerz — Husten: 3
Hals — Schmerz — brennend — erstreckt sich »weit nach unten« — mit Beklemmungsgefühl in der Brust: 4 (N)[16]
Hals — Schmerz — Roheit — Einatmen, beim (1): 3
Hals — Schmerz — Roheit — Rückseite des Halses (1): 12

---

[16]. Eine »Pharyngitis« mit »nach unten« ausstrahlendem Brennen hatte Prüferin 4 immer wieder einmal, — im Rahmen der Convallaria-Prüfung aber ungewöhnlich stark, — und vor allem mit dem offensichtlich für Convallaria wichtigen Symptoms der Brustbeklemmung. Bei Hughes/Dake ist dieses Symptom nicht erwähnt, jedoch: » ... , Erstickungsgefühl im Hals, ... « bzw. »Erstickungsgefühl im Hals, als ob sie nicht genug Luft bekommen würde; ... «. (Übers. durch Verf.)

Hals — Würgen, Zusammenziehen — Husten, beim: 3
Äußerer Hals — Schmerz — Halsdrüsen: 3
Magen — Appetit — Heißhunger («Gefräßigkeit»): 12[17]
Magen — Erbrechen — morgens [C]
Magen — Erbrechen — Husten: 3
Magen — Flaues Gefühl (1): 7, 13
Magen — Übelkeit* (wie nach unverträglichem Essen): 13
Magen — Übelkeit — bei Kopfschmerzen: 10
Abdomen — Flatulenz*: 13
Abdomen — Gluckern, Gurgeln (1): 13
Abdomen — Kleidung, empfindlich gegen (1): 7
Abdomen — Schmerz — Stuhlgang — bessert [HS]
Abdomen — Schmerz — krampfartig (1): 7, 13
Abdomen — Schmerz — stechend — Hypogastrium — rechts*: 17 (N)
Abdomen — Schmerz — zusammenziehend* — Hypochondrium: 17 (N)
Abdomen — Völlegefühl* : 13
Rektum — Diarrhoe*: 17, (T)
Rektum — Diarrhoe — nach Kaffee: 13
Rektum — Obstipation: 9
Rektum — Schmerz* — brennend — Stuhlgang bessert: 14
Rektum — Schmerz* — drückend — Stuhlgang bessert: 14 (N)
Rektum — Schmerz — Tenesmus [HS]
Rektum — Stuhldrang — Kolik, bei [HS]
Stuhl — dünn, flüssig: 13
Blase — Harndrang — häufig (1): 12
Blase — Harndrang — nach dem Urinieren: 13
Blase — Völlegefühl — nach dem Urinieren (1): 13
Harnröhre — Jucken — Meatus (1): 12

[17.] In Hughes' Cyclopedia findet sich bei der zweiten Prüferin zwei Mal eine Besserung von Beschwerden durch Essen bzw. Hunger in Verbindung mit den Beschwerden: Herzschwäche: » ... nachdem sie für eine Weile ruhig dagelegen war, fühlte sie sich besser und hatte Hunger; alle Symptome wurde durch das Essen leichter, ... « sowie bei »wehenartigen Unterleibsschmerzen«: » ... machte Übelkeit und ein schwaches krankes Gefühl, mit Hunger; ... «

Harnröhre — Jucken — während und nach Urinieren: 12
Harnröhre — Schmerz — brennend — währen und nach Urinieren: 12
Urin — Geruch — nach Schwefel: 12
Urin — Geruch — übelriechend (1): 12
Urin — Reichlich (1): 12, 22
Männliche Genitalien — Sexuelles Verlangen — vermindert: 22
Weibliche Genitalien — Jucken — Vagina — Eingang (1): 12
Weibliche Genitalien — Menses — fehlend: 14
Weibliche Genitalien — Menses — zu häufig, zu früh (1): 12, 25
Weibliche Genitalien — Menses — zu häufig, zu früh — um sieben Tage: 12, 23
Weibliche Genitalien — Menses — zu späte — um eine Woche: 28
Weibliche Genitalien — Metrorrhagie — Schmerzen, mit Schmerzen des Uterus: 9 (N)
Weibliche Genitalien — Schmerz — krampfartig — Uterus: 28[18]
Weibliche Genitalien — Schmerz — krampfartig — Uterus — beim Gehen — zwingt zum Stehenbleiben: 28 (N)
Weibliche Genitalien — Schmerz — krampfartig — Uterus — Wärme bessert: 28
Weibliche Genitalien — Schmerz — krampfartig — Uterus — erstreckt sich — nach links unten: 28 (N)
Weibliche Genitalien — Schmerz — wehenartig [HS]
Weibliche Genitalien — Schmerz — ziehend — Uterus — bei Metrorrhagie (am 9. Zyklustag): 9 (N)
Atmung — Atemnot — nach Anstrengung (1): 12
Husten[19]: 3
Husten — anfallsweise: 3

[18.] In Hughes' Encyclopedia wird bei der zweiten Probandin ein sich wiederholender *wehenartiger* Schmerz beschrieben.

[19.] Probandin 3, auch während des gesamten Seminars von ihrem Husten geplagt, litt noch wochenlang an bisher nicht gekannten quälenden Hustensymptomen, die — nachdem Bryonia, Carcinosin und Coccus cacti erfolglos gegeben worden waren — sich endlich (nach ca 4 Monaten!) auf Antimonium tartaricum C200 besserten, aber erst nach weiteren fünf Monaten endgültig verschwanden.

Husten — bellend: 3
Husten — erschöpfend: 3
Husten — Druck — auf die Brust — bessert: 3 (N)
Husten — Lachen, beim: 3
Husten — Liegen, beim — verschlimmert: 3
Husten — Sprechen, beim: 3
Husten — tief, aus der Tiefe kommend: 3
Husten — Trinken, nach: 3
Husten — warm — Brust; Wärme der — bessert: 3 (N)
Auswurf — gelb: 3
Auswurf — Geschmack — metallisch: 3
Auswurf — Geschmack — Übelkeit erregend: 3
Auswurf — schleimig: 3
Brust — Beklemmung: 3, 4, 15, 17
Brust — Beklemmung — als ob »zu«, verschlossen: 15 (N)
Brust — Beklemmung — Halsschmerzen — mit brennenden Halsschmerzen: 4 (N)
Brust — Beklemmung — Liegen auf der linken Seite, beim: 17
Brust — Herzklopfen — durch die geringste Anstrengung (1): 12
Brust — Herzklopfen — erstreckt sich zum inneren Hals: 17
Brust — Herzklopfen — stürmisch, heftig, vehement, ungestüm (1): 17
Brust — Herzklopfen — stürmisch, heftig, vehement, ungestüm — als würde das Herz in der gesamten Brust schlagen (1): 17
Brust — Schmerz — Bewegung, bei — verschlimmert: 3
Brust — Schmerz — Druck — bessert — fester Druck: 3 (N)
Brust — Schmerz — Druck — verschlimmert: 3
Brust — Schmerz — Liegen, beim — Abdomen, auf dem — bessert: 3
Brust — Schmerz — Brustbein — neben dem Brustbein — schlimmer durch Druck: 14 (N)
Brust — Schmerz — Mammae — Brustwarzen [HS]
Brust — Schmerz — brennend — links neben dem Brustbein: 14
Brust — Schmerz — brennend — rechts neben dem Brustbein: 14
Brust — Schmerz — drückend: 3, 21
Brust — Schmerz — drückend — Herz: 21

Brust — Schmerz — drückend — Herz — Atmen — tiefes Atmen bessert: 21 (N)
Brust — Schmerz — drückend — links neben dem Brustbein: 14 (N)
Brust — Schmerz — drückend-brennend: 14
Brust — Schmerz — schneidend — Husten, beim: 3
Brust- Schmerz — stechend* — Husten, beim: 3
Brust — Zusammenschnürung: 12[20]

Rücken — Hautausschläge — Furunkel — Zervikalregion: 17
Rücken — Schmerz — Atmen, beim* : 6
Rücken — Schmerz — Dorsalregion — Bücken verschlimmert: 7 (N)
Rücken — Schmerz — Dorsalregion — beim (Ein)atmen: 7
Rücken — Schmerz — Dorsalregion — Liegen bessert: 7 (N)
Rücken — Schmerz — Dorsalregion — Sitzen bessert: 7 (N)
Rücken — Schmerz — Dorsalregion — Stehen verschlimmert: 7 (N)
Rücken — Schmerz — Dorsalregion — Schulterblätter — rechts — besser durch Beugen der Schultern nach hinten (1): 17
Rücken — Schmerz — Sakroiliakalgelenk (1): 13
Rücken — Schmerz — Sakroiliakalgelenk — rechts*: 17[21]
Rücken — Schmerz — Sakroiliakalgelenk — läuft das Bein nach unten*: 17
Rücken — Schmerz — drückend — Zervikalregion — Schraubstock, wie in einem — : 17 (N)
Rücken — Schmerz — krampfartig — Schulter — rechts: 17
Rücken — Schmerz — stechend — Zervikalregion — links — schlimmer durch geringste Bewegung, beim Linksliegen und Heben des Kopfes: 22 (N)

[20.] Es ist verwunderlich, daß sich die von vielen Autoren geäußerte (und auch durch unsere Prüfung unterstützte) klinische Empfehlung, Convallaria bei pektanginösen Zuständen anzuwenden, durch bisher vorliegende Literaturangaben nicht begründen läßt.

[21.] Dieser nach kaudal ausstrahlende Sakroiliakalschmerz der Probandin 17 hielt noch mehr als ein Jahr nach Beendigung der Arzneiprüfung an und mußte (mühsam) homöopathisch behandelt werden. Ihr rechtes Kreuzdarmbeingelenk bezeichnet sie als »Locus minoris resistentiae«, hatte also auch vor der Prüfung immer wieder einmal Probleme damit, — jedoch niemals zuvor derart anhaltende und therapieresistente Beschwerden!

Rücken — Schmerz — wehenartig [HS]
Rücken — Schmerz — wund schmerzend (1): 3, 7, 13
Rücken — Schmerz — wund schmerzend — Lumbalregion — Sitzen, aufrechtem, bei (1): 3
Rücken — Schmerz — ziehend — Zervikalregion* — links — schlimmer durch geringste Bewegung, beim Linksliegen und Heben des Kopfes: 22^{22} (N)
Rücken — Schmerz — ziehend — Lumbalregion (1) — morgens — im Bett: 13
Extremitäten — Jucken* — Unterschenkel: 6
Extremitäten — Kälte — Fuß: 13
Extremitäten — Schmerz — wandernd: 3
Extremitäten — Schmerz — Schulter — rechts: 17
Extremitäten — Schmerz — Knie — rechtes Knie, ins Schienbein hineinschießend, plötzlich verschwindend: 2^{23} (N)
Extremitäten — Schmerz — Knöchel* : 3
Extremitäten — Schmerz — Knöchel — Gehen, beim: 3
Extremitäten — Schmerz — Fuß — Sohle — Gehen, beim: 3
Extremitäten — Schmerz — Zehe — Großzehe (1): 2, 5, 12
Extremitäten — Schmerz — drückend — Zehe — Großzehe — Mitte der Großzehe — zusammenschnürend — Gefühl eines Fadens, abschnürend — morgens: 5 (N)
Extremitäten — Schmerz — stechend — Zehe — rechte Großzehe — hineinschießend, plötzlich verschwindend: 2^{24}
Extremitäten — Schmerz — Wehtun — Zehen — große Zehe (1): 12
Extremitäten — Schmerz — ziehend — Knie — Kniekehle — erstreckt sich nach unten (zur Wade), besser durch Massieren: 9 (N)

[22.] 3. (offensichtlich am wenigsten reagierender) Proband aus Hughes' Cyclopedia: »Steifigkeit der Nackenmuskulatur; ... «

[23.] Dieser der Probandin bis dahin nicht bekannte Schmerz dauerte noch ca. für einen Monat nach Prüfungsende an.

[24.] Die Schmerzdynamik »plötzlich auftretend — plötzlich verschwindend« ist in den Angaben aus Hughes' Cyclopedia nur im Bereich des Abdomens (Koliken!) zu finden. In anderen Körperregionen scheinen plötzlich auftretende und langsam nachlassende oder allmählich beginnende und plötzlich aufhörende Schmerzen für Convallaria spezifischer zu sein!

Extremitäten — Schmerz — ziehend — Schulter — rechts — schlimmer durch Hängenlassen des Armes, durch Tragen von Gegenständen: 17 (N)
Extremitäten — Schmerz — ziehend — Schulter — rechts — erstreckt sich zu — *Scapula rechts (1)*, wie mit einer Klammer um das Schlüsselbein: 17 (N)
Extremitäten — *Schwäche** — Oberschenkel: 7
Extremitäten — Taubheit — Zehe — große Zehe: 12
Schlaf — Erwachen — morgens — 5 Uhr: 12
Schlaf — Erwachen — häufig — kann dann lange nicht einschlafen*: 12[25]
Schlaf — ruhelos [HS]
Schlaf — Schlaflosigkeit — 0 bis 1 Uhr*: 26
Schlaf — Schläfrigkeit [HS]
Schlaf — Schläfrigkeit — Schmerzen, während [HS][26]

Frost — Frösteln — abends (1): 3, 13
Haut — Hautausschläge — Pusteln: 7
Haut — *Jucken** — nachts: 7
Haut — *Jucken** — ohne Hautausschläge — an ständig wechselnden Stellen: 12
Allgemeines — Anstrengung, körperliche — *verschlimmert** : 12
Allgemeines — Berge, Gebirge — besser im Gebirge: 13[27]
Allgemeines — Bewegung — *verschlimmert** : 22, 28
Allgemeines — Hitze — Mangel an Lebenswärme: 3, 13
Allgemeines — Liegen — bessert: 3

---

[25] Vor allem der erste Proband in Hughes' Cyclopedia war es, der unruhigen Schlaf in mehreren Varianten beschrieb.

[26] In dieser uns in mehrfacher Hinsicht für das Verständnis von Convallaria wichtigen Rubrik entdeckten wir noch: Carb-an., Nux-m., Op., Phos. [90]

[27] Probandin 13 fühlte sich während der Convallaria-Prüfung auffallend wohl in den Bergen, — eine Beobachtung, die polar ist zu der bisher im Repertorium auffindbaren Rubrik: Allgemeines — Berge, Gebirge — Höhenkrankheit (Quelle: Pierre Schmidt), und die als Heilungsreaktion gelten darf. Convallaria findet sich übrigens auch (gemeinsam, jeweils 1-wertig, mit Paris quadrifolia) in der Rubrik »Steigen verschlimmert«, sowie (2-wertig) in »Steigen, hoch Hinaufsteigen verschlimmert«, was gut mit den bereits angeführten »Höhen-Träumen« in Verbindung zu bringen ist!

Allgemeines — Luft — Freien, im — besser*: 6
Allgemeines — Mattigkeit (1): 3, 6, 7, 9, 13, 17, 19, 22
Allgemeines — Mattigkeit — vormittags: 7, 22
Allgemeines — Müdigkeit*: 4, 7, 19, 22, 21
Allgemeines — Müdigkeit — vormittags: 7, 22
Allgemeines — Puls — beschleunigt (2): 6
Allgemeines — Puls — unfühlbar — Hand über dem Kopf, wenn [HS] (N)
Allgemeines — Schmerz — erscheinen plötzlich — verschwinden, und — allmählich [HS]
Allgemeines — Schmerz — erscheinen allmählich — verschwinden, und — plötzlich [HS]
Allgemeines — Schmerz — krampfartig* : 5, 12, 13, 17, 28
Allgemeines — Schmerz — Wundschmerz* : 13^{28}
Allgemeines — Schwäche (1): 3, 9, 12, 13, 19, 22
Allgemeines — Schwäche — vormittags: 22
Allgemeines — Seite — rechts*: 2, 17
Allgemeines — Sonne — Aufenthalt in der Sonne (verschlimmert): 17, 28
Allgemeines — Speisen und Getränke — Milch — Verlangen: 10
Allgemeines — Stase des venösen Systems (1): 9
Allgemeines — Tabak — verschlimmert (1): 9
Allgemeines — Tabak — Abneigung: 9
Allgemeines — Völlegefühl — innerlich (1): 7

In unserer Symptomenaufstellung von Convallaria haben wir 2 von Hughes übernommene Symptome besonders hervorgehoben:

1.) Schläfrigkeit während Schmerzen
2.) Wundschmerz

Die *Schläfrigkeit bei Schmerzen* ist ein an und für sich auffallendes Symptom. Prüfer (HS) 1, der am Weihnachtstag 1882 mit seinem Maiglöckchenexperiment begonnen hatte, beobachtete sie im Rahmen von abends auftretenden

---

[28.]Nach Durchsicht bisherigen Materials über Convallaria (vor allem Hughes' Cyclopedia), Miteinbeziehung unserer Prüfungsergebnisse und in Übereinstimmung mit dem von uns gezeichneten psychischen Bild dieser Arznei wagen wir es, Convallaria in dieser Rubrik zweiwertig vorzuschlagen.

Bauchschmerzen («fühle mich schläfrig bei den Schmerzen«), und tags darauf bei wiederum auftretenden kolikartigen Bauchschmerzen, die ihn zwangen, den Atem anzuhalten («sie erzeugen ein schläfriges Gefühl.«) 7 Tage später, am vorletzten protokollierten (25.) Prüfungstag notierte Mr Lane ein »schläfriges Gefühl« im Rahmen dumpfer Kopfschmerzen. — Mrs Lane (um 7 Jahre älter, nämlich 28 Jahre alt) beobachtete gleich am ersten Prüfungstag bei heftigen Schmerzen im Bereich der Lendenwirbelsäulengegend und des Sakroiliakalbereichs:» ... legte mich schlafen bei all diesen Schmerzen« und »schläfrig bei den Schmerzen«; 6 Tage später, wiederum im Rahmen ihrer Wirbelsäulenbeschwerden:» ... fühle mich die ganze Zeit über schläfrig, so als ob ich von körperlicher Anstrengung her müde wäre, obwohl ich nichts dergleichen getan habe.« Nach einem weiteren Prüfungstag hatte auch sie dumpfe supraorbitale Kopfschmerzen, und gleichzeitig wiederum — wie auch später bei ihren wehenartigen Rückenschmerzen — erneut ein Gefühl der Schläfrigkeit.

Ein Symptom, das bei zwei (allerdings vermutlich nicht ganz voneinander unabhängig beobachtenden) Probanden (verschiedenen Geschlechts) an verschiedenen Lokalisationen in Erscheinung tritt, darf — vorläufig, zur Bewährung am Patienten — den Rang eines auffallenden und §153 — (und hier: allgemeinen) Symptoms für sich beanspruchen. Wir fanden Qualitäten wie »Anästhesie« und Gefühllosigkeit im emotionalen Bereich sehr deutlich in den unter dem Einfluß von Convallaria C30 geträumten Bildern.

Liest man in der bestehenden homöopathischen Literatur über Convallaria Kurzzusammenfassungen oder Kopfzeilen, so fällt sehr oft auf, daß — ähnlich wie bei Lilium tigrinum — Brust-, Herz- und Unterleibssymptome der Frau im Vordergrund stehen bzw. in Beziehung miteinander gebracht werden. Als Beispiel hierzu die Materia Medica Farringtons [31]:

> Convallaria majalis zeigt Herzsymptome in Verbindung mit Symptomen des Uterus; Wundheitsgefühl im Hypogastrium; Schmerz des Kreuzdarmbeingelenks, der das Bein hinunterzieht. Jucken des Harnröhrenausgangs und der Vulva. (Übersetzung durch die Verfasser)

Die »*Wundheit*« (= Roheit; Verletztheit, Versehrtheit ...), englisch »soreness«, ist ein Begriff, der sich in fast allem, was an homöopathischer Literatur zu Convallaria bisher vorlag, finden läßt — selbstverständlich auch in Hughes'

Cyclopedia. Diese Empfindung wird auch im Repertorium [90] gewürdigt: Nasen-, Zungen-, Hals-, Uterus-, und Rückenschmerzen werden mit diesem Attribut belegt. Bei der Zunge wird auch ein »versengtes, wundes Gefühl« [39] bzw. die Empfindung »wie verbrannt« [17] beschrieben. In der kleinen Rubrik »*wund schmerzender Uterus, mit begleitendem Herzklopfen*« (Weibliche Genitalien — Schmerz — wund schmerzend, empfindlich — Uterus — Herzklopfen; mit begleitendem) ist Convallaria (nach W.Boericke [17]) als einziges Mittel (einwertig) angegeben. Clarke erwähnt, daß dieses Symptom aus guter klinischer Erfahrung E. B. Nashs (mit der C30) stammt. — Deutlicher läßt sich wohl unsere über die Träume erschlossene These zu Convallaria auf der Ebene der körperlichen Symptome nicht ausdrücken!

Wenn man die drei Arzneiprüfungen gemeinsam betrachtet, fällt auf, daß nach der als »heroisch« zu bezeichnenden Prüfung von Berberis die Prüftage (Tage, an denen die Prüfarznei eingenommen wurde) deutlich abgenommen haben. Trotzdem spiegelt sich diese Tatsache — bei Betrachtung des Durchschnitts aller Prüfer — *nicht* in der Intensität (in der »Wucht«) der Prüfsymptome wider — weder im Traum- noch im somatischen Bereich! Und: Was hätte erst passieren können, wäre auch Convallaria in solch kumulativer Menge »unter die Leute gebracht« worden? Warum bewirkte Convallaria bei unseren Probanden tiefgreifendere Pathologien als Berberis?

Wie es auch die »alten« Prüfer immer wieder beobachteten und beschrieben: Eventuell ist es sogar nur ein einziger (hochsensibler oder besonders arzneiaffiner) Proband, der die intensivsten Symptome erzeugt (die dann oft den Großteil der in der Materia Medica auffindbaren Symptome ausmachen). Es sind also keine Vorhersagen möglich, wie deutlich ProbandInnen bei einer bestimmten Anzahl an Arzneieinnahmetagen Symptome produzieren werden oder nicht — genauso, wie es unserer Meinung nach in der therapeutischen Situation — trotz des A-priori-Charakters der Simileregel[29] — keine echte Vorhersagbarkeit gibt.

[29.] Der »apriorische« Aspekt der Ähnlichkeitsregel ist des öfteren von Will Klunker, Heiden, beschreiben worden.

CONVALLARIA — SYMPTOME »MIT BLEISTIFT«

Neben bzw. nach unserer Convallaria-Symptomenliste wollen wir es wiederum wagen, Rubriken vorzuschlagen, in denen Convallaria ergänzt werden kann. Die Auswahl dieser Rubriken basiert auf unserem Verständnis von und unserem bisherigen Wissen über Convallaria, ist daher unvollständig und sicherlich durch Verifikation und Falsifikation, die am Patienten zu erfolgen hat, korrekturbedürftig und erweiterbar.
Neu für das Repertorium vorgeschlagene Rubriken sind wiederum mit (N) bezeichnet.

Beschwerden — Gefühle — unterdrückte, durch (N)[30]

Entfremdet — sich selbst (N)[31]

Gefühle, Gemütsbewegungen — beherrscht; vom Verstand, Intellekt
Gefühle, Gemütsbewegungen — unterdrückt

Gefühllos, hartherzig

Gleichgültigkeit, Apathie
Gleichgültigkeit, Apathie — Gefahr, gegen (N)
Gleichgültigkeit, Apathie — Leiden, gegen
Gleichgültigkeit, Apathie — Schmerz, gegen

Resignation

Unbesonnen

Unvorsichtig

Schlaf — Schläfrigkeit — Schmerzen, während

---

[30] Es ist verwunderlich, daß eine so häufig angezeigte ätiologische Rubrik im Repertorium bisher nicht existiert. Nur der unterdrückte Ärger und die unterdrückte Sexualität (in der letztzugänglichen Version von R.A.D.A.R. [90] auch: Gefühle, Gemütsbewegungen — beherrscht; vom Verstand, Intellekt sowie — unterdrückt) sind vertreten.

[31] Wir haben in unserem Repertorium an dieser Stelle folgende Ergänzungen durchgeführt: Berb. (siehe das zugehörige Kapitel!), Lat-m. (aufgrund der sehr intensiven Prüfungserfahrung einer Kollegin [72]) und Op. (aus dem repertorialen Kontext heraus).

Träume — Altern, Altwerden, vom (N)
Träume — Gefahr, von — Angst, ohne (N)
Träume — Schmerz, von — gleichgültig dabei (N)

Allgemeines — Anästhesie
Allgemeines — Analgesie

Rektum — Diarrhoe[32]

CONVALLARIA — ARZNEIVERGLEICHE UND -VERWANDTSCHAFTEN

»*Was soll die blos schleimig milde Weißlilie (Lilium candidum) neben dem Knoblauch, (Allium sativum) oder der Meerzwiebel (Scilla maritima,) was der Eßspargel, (Asparagus officinalis) neben der giftigen Weißnieswurzel (Veratrum album) in der Familie Liliaceae?*« [43]

Gemeinsam mit vielen anderen mehr oder weniger gut bekannten Arzneien unserer Materia Medica ist Convallaria der Pflanzenfamilie der *Liliengewächse* (Liliaceae) zuzurechnen, die allerdings botanisch gesehen nicht einheitlich ist.[33]

[32.] Zwei unserer Probanden produzierten während der Convallaria-Prüfung Durchfälle. Unser Rubrikenergänzungsvorschlag gründet sich aber auch auf der Tatsache, daß Durchfälle bei einer Maiglöckchenvergiftung ein typisches Symptom sind.

[33.] Aletris, Helonias, Veratrum und Sabadilla werden der Unterfamilie der »Melanthioideae« zugeordnet, Colchicum den »Wurmbaeoideae«, Lilium tigrinum den »Lilioideae«, die Allium- und Scilla-Arten, Sarsaparilla (Smilax), Aloe und Trillium ebenfalls jeweils eigenen Unterfamilien und unser Convallaria (gemeinsam mit Asparagus und Paris quadrifolia) den »Asparagoideae« [107] In der homöopathischen Literatur herrscht bezüglich dieser Liliazeen-Nomenklatur einige Verwirrung.

Vergessen wir es nicht: Cepa, Sabadilla und Veratrum album sind wichtige Arzneien bei der Behandlung saisonaler Allergiker! Ganz vorsichtig können wir auch Convallaria dazutun: Zwar hielten sich Nasen- bzw. Schnupfensymptome bei unserer Prüfung in sehr bescheidenem Rahmen — aber aus toxikologischen Symptomen läßt sich eine größere Beziehung zum Heuschnupfen vermuten, — und im »Schneeberger Schnupftabak« (um die Jahrhundertwende äußerst beliebt!) finden sich neben Pflanzenteilen des Weißen Germer auch gepulverte Maiglöckchenstengel.

Lilium tigrinum

Die Nähe zu *Lilium tigrinum* ist in der homöopathischen Literatur oftmals erwähnt, bezieht sich aber (mangels besserer Einsichten) ausschließlich auf die körperliche Symptomenebene, z. B. auch auf das Symptom des Wundheitsgefühls der Gebärmutter und der Lumbalregion.

Für uns war es auffallend, daß in praktisch keinem der Convallaria-Träume irgendwelche Schuldgefühle (und auch keine Traumthemen, die ihr Manifestwerden hätten erwarten lassen) auftauchten. Es sieht so aus, als ob in der »Schuld-Ecke« der Liliazeen Lilium tigrinum und Veratrum (album) säßen:

«Schuld-Rubriken« bei Lilium tigrinum [90]:

Wahnideen — verdammt; er sei (2/23)

Wahnideen — verdammt; er sei — büßen; um ihre Sünden und die ihrer Familie zu büßen (2/1!)

Wahnideen — Unrecht getan, er hat — die anderen sind deshalb gegen ihn[34] (1/1!)

Furcht — moralischer Verfehlung, abwechselnd mit sexueller Erregung; Furcht vor (1/1!)

Furcht — sagen, etwas Falsches zu (2/1!)

Angst — Seelenheil, um das (2/35)

Religiös — Gemütsstörungen, religiöse — abwechselnd mit sexueller Erregung (Lil-t., **Plat**.)

Religiös — Gemütsstörungen, religiöse — gequält; nachts von religiösen Gedanken (1/2!)

[34.] Dieses Symptom soll von Margery Blackie stammen, — und findet sich in der »Materia Medica of the Human Mind« von Retzek/Zaandvort [92].

> Verzweiflung — religiöse Verzweiflung am Seelenheil (2/30)
> Verzweiflung — religiöse Verzweiflung am Seelenheil — abwechselnd mit sexueller Erregung (2/1!)
> Beschwerden — sexuellen Mißbrauch, durch (1/18)[35]

Im Text von Herings »Guiding Symptoms« [45] heißt es hierzu (und zum Sexus Lilium tigrinums überhaupt):

> ... Verzweifelt über ihr Seelenheil (bei Gebärmuttererkrankungen). ... Rückenschmerzen; muß sich anstrengen, ihr sexuelles Verlangen zu unterdrücken. ... Gedanken an obszöne Dinge; als diese psychischen Zustände in Erscheinung traten, klang die Reizung des Uterus ab. ... Zweifelt an ihrem Seelenheil, glaubt, dazu verdammt zu sein, für ihre Sünden und die ihrer Familie büßen zu müssen; reißt sich an den Haaren; ... (Übersetzung durch die Verfasser)

Im Rückblick auf Lilium und angesichts Convallaria drängt es sich auf, beide Mittel zum Thema Sexualität — Restriktion — Schuld wie folgt zu differenzieren:

Bei beiden Arzneien spielt »tief in eine untere Schublade getane«, auf Erlösung drängende Sexualität eine Rolle. Aber bei Lilium sind es die Emsigkeit und Pflichterfüllung gegenüber den anderen, die als Kompensation helfen, mit dem Verdrängten, Supprimierten zu leben, — während die Convallaria-Strategien Betäubung, Abschirmung, Rationalisierung heißen.

Bleiben wir noch ein wenig bei den Liliengewächsen!

Allium cepa

Allium cepa hat einige Ähnlichkeiten mit Convallaria auf der somatischen Ebene und bei den Allgemeinsymptomen, z. B. die Verschlimmerung im Warmen, insbesondere im warmen Zimmer (die wir übrigens auch bei Lilium tigrinum antreffen).

Wenn wir tiefer gehen, tun sich auch andere Querverbindungen auf, die sich vielleicht unter dem Begriff »Dysästhesie« («Ich fühle etwas *anders* als die anderen«) zusammenfassen lassen, welche eine wichtige gemeinsame Idee einiger Arzneien aus dieser Pflanzenfamilie zu sein scheint[36]:

---

35. Angabe von Knerr [56], wiedergegeben in [45].

Allium cepa — der »Phantomschmerz«, die Amputationsneuralgie ...
Rubriken (Auswahl) [90]:
Extremitäten — Amputationsstumpf ist schmerzhaft (1/15)
Allgemeines — Schmerz — Amputation, nach (2/18, auch Veratrum (1)!)
Allgemeines — Verletzungen — Amputationsneuralgie (2/7)
(Furcht — Schmerzen, vor — unerträglich werdenden (1/1!)[88])
(Furcht — Leiden, vor — unerträglich werdendem (1/1!)[88])
Was sucht eine Liliazee unter den Traumamitteln? — Was hier »abgespalten« wurde (der Fuß, das ganze Bein, ein Finger, die Hand ...) tut weh, tut weiter weh, schmerzt, obwohl die Materie, das Substrat fehlt! Der Schmerz hat sich verlagert; offensichtlich wurde er ausgegrenzt, hinausgeschoben über die physischen Grenzen, über die chirurgischen Tatsachen, dorthin, wo etwas, das vorher da war, nun nicht mehr ist. Aus dem »Ich habe Schmerzen« wurde ein »Etwas, ein früherer Teil von mir, tut weh«. Es kommt ja tatsächlich vor, daß diese Patienten verzweifelt einen nochmaligen chirurgischen Eingriff verlangen, um ihren (?) Schmerz erneut abzuschneiden.

Und schon »die Alten« (nachzulesen auch in Allen [4]) bezichtigten die Zwiebel des Wahnsinnigmachens («Schmerzen ... machen wahnsinnig«), wodurch wiederum Veratrum in greifbare Nachbarschaft rückt, und sich nun der »Wahnsinn«, eine weitere, den Liliazeen eigene Bewältigungsstrategie für Konflikte, anbietet.

Den Bezug zu unserem Convallaria stellen wir her, indem hier wie dort »mißempfunden« wird. Bei Allium cepa wird dort gefühlt, wo es eigentlich nichts mehr zu fühlen gibt. Es drängt sich auf, dieses Thema auch im übertragenen Sinn zu verstehen: Das, was einmal war, dauert schmerzhaft fort, selbst nachdem das Schicksal durch Verlust, durch Tod die Kontinuität zum Jetzt

---

[36]. Wir verdanken diese Idee der Steigerung von Mißempfindungsqualitäten von Cepa über Sabadilla zu Veratrum Günter Mattitsch, der es damals noch nicht ahnen konnte, daß einst auch Convallaria einen wichtigen Anteil an dieser Thematik innehaben würde. — Dysästhesie auf der körperlichen Ebene der Convallaria-Symptome? — Außer dem sehr bescheidenen Symptom »Taubheitsgefühl der Großzehe« einer Probandin haben wir nichts derartiges vorzuweisen. Aber wir wollen diese Idee, z.B. bei Patienten, die an demyelinisierenden Erkrankungen leiden, im Auge behalten und zur rechten Zeit an Convallaria denken.

abgeschnitten hat. — Bei Convallaria hingegen wird nicht gefühlt, obwohl das Schmerzhafte präsent ist.

Sabadilla — sonderbare Vorstellungen über den eigenen Körper ...

Rubriken (Auswahl) [90]:
Wahnideen — Körper — Zustand seines Körpers; in Bezug auf den (3/3!)
Wahnideen — Abdomen sei eingefallen, der Magen aufgefressen, der Hodensack geschwollen (3/1!)
Wahnideen — Abmagerung, von (1/4)
Wahnideen — Glieder — krumm, seien (1/1!)
Wahnideen — klein — kleiner zu sein; Gefühl (1/8)
Wahnideen — Körper — geschrumpft wie eine Leiche; der Körper sei (2/1!)
Wahnideen — Körper — verunstaltet; irgendein Teil sei (3/2!)
Wahnideen — Körper — verwelken, verdorren; würde (1/1!)
Wahnideen — schwanger, sie sei (2/12!)

Die psychotische Dimension — Empfindungen von Abgetrenntsein — springt uns in Form folgender Rubriken ins Auge (Auswahl), —

Wahnideen — Gedanken — außerhalb des Körpers; Gedanken seien (1/1!)
Wahnideen — getrennt — er sei von sich selbst abgetrennt — abends (1/1!)
Wahnideen — getrennt — Gedanken seien von ihm abgetrennt; fremde (1/1!)
Wahnideen — getrennt — Welt, von der — Gedanken seien abgetrennt; die (1/1!)

und rückt Sabadilla damit in unmittelbare Nähe zu Veratrum album. Das Thema der (Schein)schwangerschaft weist auf Convallaria hin (die Faust des Fötus im Bauch) — und die gebeugten, gealterten («verwelkten«) Frauen (oder Männer?) finden wir somit bei beiden Arzneien.

Die »Dysästhesie« bei Sabadilla ist also eine besondere Spielart des Verkennens der eigenen Realität. Die noch auf die körperliche Ebene beschränkte Frage »Was bin ich eigentlich?« drängt bereits hin zum »Wer bin ich denn?«, zur Entfremdung vom Ich, zu Realitätsverlust und Wahnsinn, den die Zwiebel nur andeuten konnte, und der mit Veratrum album seinen Höhepunkt erreichen wird.

Veratrum album — die wahnhafte Verkennung des Platzes im Leben ...

> Rubriken (Auswahl) [90]:
> Wahnideen — hochgestellte Persönlichkeit, ist eine (1/11)
> Wahnideen — vornehm, ist (1/3!)
> Wahnideen — Prinz, ist ein (1/1!)
> Wahnideen — Rang, er ist eine Person von (3/1!)
> Verzweiflung — gesellschaftliche Stellung, über seine (3/8!)

Bei Veratrum ist die Entfremdung vom eigenen Herzen (Convallaria), vom eigenen Körper (Sabadilla) und der Phantomschmerz (Allium cepa) kein Thema mehr. Veratrum hat diese Schranke längst passiert.

Veratrum lebt in einem Turm, von dem ein guter Überblick über alles Tun und Treiben der Mitmenschen, über Gut und Böse möglich scheint. Die Etage des Lieben Gottes liegt verlockend nah. Vielleicht kann man diesen Zustand auch »soziale Dysästhesie« nennen?

Paris quadrifolia

Die im Gegensatz zu Convallaria nur eine Beere tragende *Paris quadrifolia* soll hier nicht vergessen werden, zumal diese Pflanze sowohl unter botanischen Gesichtspunkten wie auch von ihrem Standort in unseren Wäldern Convallaria benachbart ist. Mit Paris wird auch noch einmal deutliche Veratrum-Ähnlichkeit evident[37], die es interessant machen könnte, nicht erfolgreiche »Veratrum«-Verordnungen rückblickend zu überprüfen.

Paris hat viele Symptome, die mit unseren Traum-Prüfungsergebnissen zu Convallaria übereinstimmen, was die innere Distanzierung anbetrifft («Bewußtlosigkeit« (2), »Stumpfheit« (1), »betäubende Schmerzen« (1), »Gefühllosigkeit, Taubheit«), und auch die Verschlimmerung durch Tabak (2) hat dieses Mittel mit Convallaria gemeinsam. Zusätzlich gibt es mehrere Rubriken, die wiederum auf das Thema der Entfremdung und »Dysästhesie« hinweisen:

> Wahnideen — Ort, Platz — fremd, fremdartig — einsamen Orten wieder; findet sich nachts beim Erwachen an fremden und (1/1!)
> Wahnideen — sonderbar, merkwürdig — Land; als sei er in einem

---

[37]. Ein Beispiel für eine wichtige Rubrik, in der beide Arzneien — Paris 2- und Veratrum album 1-wertig — anzutreffen sind: Beschwerden durch Verachtung, verachtet zu werden.

fremden (1/4)
Wahnideen — vergrößert — Entfernungen seien (1)
— Kopf sei (2)
— Körper sei (1)

Die letzte hier differentialdiagnostisch besprochene Liliazee soll Scilla (maritima) sein.

Scilla wäre pharmakologisch-chemisch gesehen (Glykosidgehalt!) die nächste Verwandte des Maiglöckchens, was sich homöopathisch deutlich in der Tatsache ausdrückt, daß Scilla viele Convallaria-ähnliche Herzsymptome hervorruft.

Es ist aber viel spannender, sich die nicht unproblematische (da wertende) Rubrik

Gefühllos, hartherzig

im Repertorium Synthesis anzusehen, in der Scilla unter 18 Mitteln einwertig vertreten ist.

Da es »kleine« Mittel in vielen obskuren Rubriken gibt, könnte man »Squil.« dort auch gleich wieder vergessen, — doch halt! — G. H. G.Jahr hat auch Sabadilla dorthin getan, und W. Boericke Veratrum album in die Rubrik »Grausamkeit, Unmenschlichkeit« (1), C. Boger Veratrum auch zum »Mangel an moralischem Empfinden«(3)!

Was suchen überhaupt zwei typische »Herzmittel« in der Homöopathie — neben Scilla nämlich auch *Laurocerasus*[38] (zweiwertig!) — in der Rubrik der »Hartherzigkeit«? — Und *Digitalis* steht gar als einzige Arznei dreiwertig in der Rubrik »Unbarmherzig, mitleidlos, skrupellos«!

Das »Herz« ist eben nicht nur ein Organ, sondern auch das Symbol der Gefühlswelt, und das gilt auch für die homöopathische Rubrikensprache. In diesem Zusammenhang ist außerdem auf die Bipolarität von Arzneien hinzuweisen — die laut J.Mezger [80] obligat in jeder Arzneimittelprüfung in Erscheinung treten sollte, — ansonsten habe eine solche als unvollständig zu gelten.

[38.] In der vergleichenden Repertorisation sind noch einige andere Ähnlichkeiten zwischen Laurocerasus (einer Arznei aus der Familie der Rosengewächse) und Convallaria auffallend: Rubriken (für Laurocerasus): Gleichgültigkeit, Apathie (1), Unbesonnen (1), Anästhesie (1), Analgesie (1)!

Bleiben wir doch bei dem so simplen wie weitreichenden Gedanken, daß Scilla, Digitalis, Laurocerasus, Veratrum das »kranke Herz« zu heilen imstande sind — das Herz, das sich verhärtet, verschlossen, verweigert hat — meist bevor man im EKG oder durch andere diagnostische Methoden auf das Herz als Symptomträger aufmerksam geworden ist. Auch unserem *Convallaria* gebührt hier ein Platz. Wir haben an anderer Stelle dieser Arbeit vorgeschlagen, in der Rubrik »Gefühllosigkeit« Convallaria zu ergänzen. Die Gründe hierfür — aus den Arzneiträumen unserer Probanden erschlossen — haben wir ebenfalls angeführt.

Schon aufgrund des Traums der Probandin 23, der sie auf Convallaria als Prüfarznei tippen ließ, ist die Pflanzenfamilie der *Solanaceae* (in der Mandragora einen wichtigen Platz einnimmt) im Vergleich zu Convallaria besonders genau zu betrachten. Im Rahmen dieser Arbeit möchten wir aber nur kurze Hinweise geben.

Mandragora

Mandragora ist den »reinen« Kentianern (viele Jahre lang »durch die Finger gerutscht«, da es im Kentschen Repertorium [56] nicht vertreten war und es kein Material zu dem Mittel gab außer der Arzneiprüfung J. Mezgers [80] von 1951 und der Erwähnung in Julians Dictionnaire [48]. Massimo Mangialavori aus Modena ist unseres Wissens der erste und bisher einzige Homöopath, der diese Arznei an das Licht der Personotropie gehoben hat. Beobachtungen an verschiedenen Patienten und sein Einfühlungsvermögen in die Signatur des Arzneimittels haben zu diesen Erkenntnissen beigetragen. Die uns vorliegenden Beschreibungen zweier Mandragora-Patienten zeigen deutliche Nähe zu Belladonna, aber auch zu Veratrum album. Verhaltene, weggesperrte Gefühle (vgl. Convallaria) scheinen zumindest bei einem dieser Patienten eine große Rolle zu spielen. — Der Mandragora-Archetypus könnte dem der Hexe oder der »bösen Fee« nahestehen (Rubrik: Wahnidee, besessen, besetzt zu sein). Man vergleiche hierzu den zweiten Convallaria-Traum, in dem es um die verschlingende Inanspruchnahme durch die Lachesis-Patientin geht. Und nicht zuletzt findet sich Mandragora auch in den Rubriken »Anästhesie« und »Analgesie« (jeweils 1), nach Angaben von Mezger und Julian [48].

Mit dem volksheilkundlichen Schönheitsmittel *Belladonna* («bella donna»), das den Blick unwiderstehlich zu machen verstand, kann es das Maiglöckchen allemal aufnehmen: Convallariaextrakte wurden dazu verwendet, Sommersprossen zu entfernen und stehen heute noch als Ingredienzien für diverse Parfumkompositionen hoch im Kurs.

Wir haben vorgeschlagen, Convallaria auch in der Rubrik »Resignation« zu ergänzen. Dort stoßen wir auf das unserer Meinung nach zweitwichtigste Convallaria-ähnliche Nachtschattengewächs, nämlich auf *Tabacum*. Tabacum läuft in auffallend vielen Rubriken parallel (Herz- und Rückensymptome; Wärmeverschlimmerung; ...), ist aber auch dadurch ausgezeichnet, daß Convallaria in der homöopathischen Literatur immer wieder gegen die Folgen übermäßigen Tabakkonsums (auch für das »Tabakherz«) empfohlen wurde, somit als Tabacum-Antidot fungieren kann[39]. Probandin 9 unserer Prüfung, Raucherin, entwickelte während der Arzneimittelprüfung extreme Aversion gegen Zigarettenrauch.

Weitere Arzneiverwandtschaften

Wenn man unser erprüftes Psychogramm von Convallaria vergleichend repertorisiert, ergibt sich Opium als das mit Abstand ähnlichste Mittel. Auch für Opium (als Droge) ist die Betäubung des Schmerzes, die Vernebelung des Geistes charakteristisch. Allerdings sehen wir bei Opium weniger die Unterdrückung von Emotionen, als deren Einschlafen, Entschlafen ... Auch hat Opium offensichtlich mehr Schuldgefühle, als wir sie für Convallaria vermuten (Rubrik: Wahnidee, ein Verbrecher zu sein, der hingerichtet werden soll). Bevor nicht sichere klinische Erfahrungen mit unserer Idee über Convallaria vorliegen, könnte es im Einzelfall große Schwierigkeiten machen, beide Mittel auseinanderzuhalten, zumal sich auch im körperlichen und allgemeinen Bereich auffallende Überschneidungen (Herz-Atmung; Schläfrigkeit bei Schmerzen) ergeben. Möglicherweise ist Opium oft anstelle von Convallaria (fehl)verordnet worden.

Anacardium und *Conium* erwähnen wir nur der Vollständigkeit halber. Gemeinsam findet man alle drei Arzneien in der Rubrik der »Gefühllosigkeit«

---

[39]. Deshalb schlagen wir vor, die Antidot-Liste von Tabacum um Convallaria zu erweitern.

Anacardium hat zusätzlich seine ohnehin wohlbekannten Spaltungstendenzen, wie wir sie auch für Convallaria vermuten.

Rückblickend fällt auf, daß wir nur pflanzliche Arzneien in unsere differenzierenden Überlegungen einbezogen haben. In einem Gespräch mit E. C. Whitmont wies dieser aber darauf hin, daß ihm große Parallelen zu *Lachesis*, also einer Substanz tierischen Ursprungs, aufgefallen seien — ja, er meinte sogar, in Convallaria das pflanzliche Pendant zu Lachesis gefunden zu haben.

Die gemeinsame Idee beider Mittel sei das unterdrückte Gefühlsleben. Bei Lachesis sei der Sexus Ursprung des unterdrückten Gefühls, — bei Convallaria hingegen ein empordrängendes »Sehnen«, das mehr erotischer als sexueller Natur sei, und die »Verwundung des Eros« sei Ursprung der Convallaria-Pathologie. Diese Konstellation des Gefühlsbereichs gegenüber dem Tun selbst (der gelebten Sexualität) sei es, die pflanzliche generell von tierischen Arzneien unterscheide.

Lachesis scheint überdies auch in der Rubrik »Gefühllos, hartherzig«(2), »Gleichgültigkeit, Apathie«(2) und »Unbesonnen«(2) auf und hat überdies eine besondere Beziehung zum Schlaf (Verschlimmerung nach Schlaf).

Convallaria — antike Medizin, Phytotherapie, Toxikologie und Tod

Von unseren drei geprüften Pflanzen ist Convallaria zweifellos die giftigste. Sie enthält das toxischste unter den bisher bekannten Herzglykosiden (Convallatoxin). Zur Bereitung der Urtinktur wird die frische blühende Pflanze verwendet. In ihr ist das meiste Gift enthalten. Schon in den alten Kräuterbüchern hieß es:

Maiblumen sind kalt und feucht. Die Blumen sind kräftiger als die Blätter oder das Kraut. [32]

Im 16. Jahrhundert galt das »Meyenblümleinwasser« als ein Mittel, das »gut gegen Gift und Ohnmacht« sei, »Herz, Sinne und Hirn« stärke ... (Destillierbuch des Hieronymus Brunschwygk, 1500, zitiert nach Wünstel in Leeser [71])

Einem Extrakt von herzglykosidhaltigen, aber verschiedenen Pflanzenfamilien zugehörigen Pflanzen, in dem auch Convallaria enthalten war, wurde eine »lebensverlängernde« Wirkung zugesprochen: 1937 wurden von K. Fahrenkamp [30] Experimente durchgeführt, wobei er konservierende Wirkungen dieser Wirkstoffgemische auf Blumen, Gemüse und Früchte festgestellt haben will.

Im Gegensatz dazu das Todesthema: Vor allem Kinder sind es, die durch Saugen an den Blütenglocken, durch Essen der roten Beeren tödlich endende Vergiftungen erleiden können. Maiglöckchenblätter ähneln zum Verwechseln den ebenfalls im Frühling im Wald wachsenden Bärlauchblättern (auch eine Liliacea), die gerne zur Salatbereitung verwendet werden. Auch das Austrinken von Blumenwasser, in dem Maiglöckchen eingefrischt waren, kann schlimme Folgen haben.

E. C. Whitmont vermutete bereits nach der Bearbeitung der ersten Probandenträume, daß die zu diesem Zeitpunkt noch unbekannte Arznei »etwas mit dem Tod« zu tun haben müsse. Wir werden bei den klinischen Aspekten noch einmal auf dieses Thema zurückkommen.

CONVALLARIA — KLINISCHE ASPEKTE

Wie schon bei Berberis und Rhododendron wollen wir auch bei Convallaria versuchen, eine mögliche klinische Dimension dieser Arznei zu beschreiben. Leider besitzen wir — im Gegensatz zu Berberis und Rhododendron — derzeit noch keine tiefgreifenden Erfahrungen am Patienten.

Nur einzelne, zum Teil hypothetische Aspekte können herausgegriffen werden:

Herzerkrankungen

Die alten Homöopathen, besonders Nordamerikas, hatten offensichtlich viel Erfahrung im Umgang mit auch schwerwiegenden, »organischen« Herzkrankheiten, die der heute tätige Homöopath unserer Breiten schon aus forensischen Gründen selten rein homöopathisch behandeln wird. Indikationen wie »Tabakherz«, Dilatation des Herzens, kardial bedingte Ödeme, Herzinsuffizienz bei Reizleitungsstörungen, »Hydropsien«, Klappenfehler, Aortitis luetica [71, 106] ... sind bei Convallaria in den alten Büchern zu finden.

Das Verständnis dieser Indikation fällt uns heute leicht aufgrund unseres pharmakologischen Wissens über die Glykosid-Bestandteile des Maiglöckchens und deren Toxikologie.[40] Immerhin gibt es in der Stoffliste des Austria-Codex 1994/95 [7] noch drei convallariahaltige Zubereitungen.

Wir schlagen vor, bei Herzpatienten nach dem von uns postulierten Convallaria-Thema zu fahnden: Gibt es ein Eros-Trauma[41], ein verletztes Sehnen, einen (uterinen?) Schmerz, eine Verletzung im genitalen Bereich in der Vorgeschichte des Patienten? Könnte ein Herzleiden der Preis dafür sein, daß der Schmerz unfühlbar gemacht, vom Erleben ausgeschlossen wurde?

Unterdrückte Aggressionen und intensiver Haß (wie sie in unseren Convallaria-Träumen deutlich zutage treten) — ja, auch andere unterdrückte, starke Gefühle und Leidenschaften können zur Entwicklung kardialer Probleme (z. B. einer koronaren Herzkrankheit) beitragen. Dies scheint sowohl bei Männern wie — gerade in letzter Zeit — zunehmend auch bei Frauen eine große Rolle zu spielen.[42]

Convallaria — Nähe zu Depression und Tod

In einem unserer Arbeitsgespräche bezeichnete Whitmont Convallaria aufgrund der Todesträume auch als eine »präterminale Arznei«, als ein potentes »Euthanasiemittel«[43], und stellte es damit in eine Reihe mit Arsenicum album, Carbo vegetabilis und anderen.

Auch Depressivität — ein in den Convallariaträumen stark vertretenes Thema — ist eine Art von Sterben und Erstarren des Gefühlsbereiches.

[40] Dieses ständig weiter wachsende Wissen ist Gegenstand zahlreicher naturwissenschaftlicher Abhandlungen und kann im Rahmen dieser Arbeit nur angedeutet werden. Ausgewählte Referenzen sind im Literaturverzeichnis angeführt. [40, 41]

[41] Gefühl-Eros-Herz einerseits und Sexus-Genitalorgane andererseits (so wie Convallaria und Lachesis?!) werden einander nicht nur in der modernen Psychosomatik, sondern auch — um mit Hahnemann zu sprechen — »in der Empirie des gemeinen Mannes« gegenübergestellt.

[42] So heißt es bei S. Schattenfroh [98]. »Tatsächlich haben Herzkrankheiten unter Frauen deutlich zugenommen ... Die Fokussierung auf den Mann hat lange dazu beigetragen, den Herzinfarkt bei Frauen eher zu übersehen ... « Schattenfroh beklagt weiter, daß Frauen — da bei ihnen Herzsymptome traditionell nicht so ernst genommen werden wie beim Mann — auch in der spitalsärztlichen Versorgung — » ... noch 1993 ... doppelt so häufig wie Männer nach einem Infarkt im Krankenhaus sterben.«

In Kenntnis der Convallaria-Rubriken
Extreme Atemnot (Atmung — Atemnot, ... — extrem (Orthopnoe)) [90, nach Boericke]
Gefühl, als ob das Herz stehengeblieben wäre [90, nach Boger]
Beklemmung der Brust, als ob »zu«, verschlossen (Probandin 15 unserer Prüfung)
und unserer Idee vom »Kindertod«, »Kindstod« in Zusammenhang mit Convallaria, wagen wir die Empfehlung abzuleiten, bei der Behandlung von Kindern, die vom SIDS (Sudden Infant Death Syndrome) bedroht sind, neben Cuprum, Opium, Antimonium tartaricum auch an Convallaria zu denken.

Erkrankungen im gynäkologischen und urologischen Bereich

Auch bei der Betrachtung dieser Region fragen wir nach Verletzungen: Was kann als Wunde im Genitalbereich gelten? — Eine Vergewaltigung? Sexueller Mißbrauch? Körperliche Gewaltanwendung gegen den Unterleib beim Koitus, während besonders »verletzlicher«, »offener« Phasen wie Menstruation, Schwangerschaft? Eine Interruptio? Ein operativer Eingriff, eine Sterilisation, auch beim Mann? Oder bereits Sexualität »unter Ausschaltung des Herzens«; Erotik, der Gewalt angetan wurde? Worauf können Symptome hinweisen wie »Gefühl im Abdomen, als ob sich die Faust eines Fötus dort bewegen würde« oder »wehenartige« Schmerzen im Sakroiliakalbereich?

Es paßt in diesen Zusammenhang, daß W. Boericke in seiner Materia Medica [17] »hysterische Erscheinungen« als eine Indikation von Convallaria nennt. In Schottland trägt das Maiglöckchen den signaturbehafteten Namen »Our Lady's Tears«! Und bereits Paracelsus hatte den Gebrauch des Maiglöckchens als Stärkungsmittel für Schwangere empfohlen.

[43.] Der Ausdruck könnte irreführend sein. Euthanasie, so wie der Begriff heute verwendet wird, ist kein Anliegen der Homöopathie. Ein »Eu-thanatos« (ein schönes, harmonisches Sterben) aber schon. Viele klinische Beobachtungen weisen darauf hin, daß die nach homöopathischen Gesichtspunkten getroffene Verabreichung von Arzneien bei todesnahen Zuständen, bei dieser allerletzten intimen Entscheidung »Tod oder Leben?« helfend und stützend wirken kann.

Wie bei Berberis wollen wir auch bei Convallaria anregen, ausgehend vom Organ »Uterus« Rückschlüsse auf sein männliches Pendant, die *Prostata*, zu ziehen und somit auch bei Männern bzw. im urologischen Bereich Convallaria (und Berberis) nicht zu übersehen.

Weitere klinische Hinweise

Es soll nicht unerwähnt bleiben, daß es in der Tradition der Convallaria-Anwendung in der Phytotherapie viele Hinweise auf eine zerebral durchblutungssteigernde Wirkung (ähnlich dem Strophantin) gibt. Indikationen wie »Zustand nach Apoplexie«, Gedächtnisschwäche, »verlorene Sprache« ... seien als Beispiele angeführt.

Die insbesondere von unseren Prüferinnen 10 und 17 »erprüften« Geist-Symptome

    Gedächtnisschwäche für das, was sie gerade tun wollte
    Gedächtnisschwäche für das, was sie gerade getan hat
    Vergeßlichkeit für abstrakte Begriffe
    Vergeßlichkeit für Zahlen
    Verwirrung
    Zerstreutheit

— siehe die Symptomenliste — rücken diese Zusammenhänge nun auch in das Licht der homöopathischen Nutzbarkeit.

Erste praktische Erfahrung mit Convallaria

Marianne: »Ich gehe dann ins Nichts«.

Eine junge Frau, M. S., geb. am 16. 4. 1965, kommt im Februar 1994 in Psychotherapie; Depressionen und Alkoholismus führen sie her. Beides hat sich verstärkt, seit ihr Bruder sich 1990 das Leben genommen hat.

M. ist in tristen Verhältnissen aufgewachsen — die Mutter Alkoholikerin, der Vater unbekannt. Zusammen mit einem um ein Jahr jüngeren Bruder lebten sie in einer dunklen Kellerwohnung. Schon als Dreijährige mußte M. Mutterpflichten gegenüber ihrem Bruder übernehmen, da die Mutter oft weder physisch noch — im Alkohol untergetaucht — psychisch-emotional anwesend war. Oft wurde ihnen der Strom abgedreht, weil die Stromrechnung nicht bezahlt war. Die beiden Kinder wurden Zeugen unzähliger Selbstmordversuche der Mutter.

Ab dem 5. Lebensjahr kam die Patientin in ein Internat.

»An den Wochenenden wurde ich von einer Tante zur anderen herumgeschoben.« Die einzige liebevolle Bezugsperson war die Fürsorgerin.

An eine besonders beschämend erlebte Szene ihrer frühen Pubertät erinnert sie sich noch sehr deutlich: »Einmal, als mir der Busen schon recht stark zu wachsen begonnen hatte, befahl mir meine Mutter in Anwesenheit meiner Tante, ich solle mir den Pullover ausziehen, und dann saßen die beiden da und machten sich über meine Brust auf ganz derbe Art lustig.«

Frau M ist verheiratet.

»Wir lieben uns sehr, aber ich kann nicht mit ihm schlafen. Irgendetwas in mir macht zu, wenn er mir zu nahe kommt.«

In allen emotional schwierigen Situationen ihrer Kindheit hatte Frau M. eine Bewältigungsstrategie entwickelt, die sie beibehalten hatte: »Ich gehe dann ins ›Nichts‹, bin einfach nicht da, fühle nichts, nichts kann an mich heran.«

Die so gut in unser Convallariabild passende »Verwundung« in der Pubertät und die »Gefühlsanästhesie« lassen mich an Convallaria denken; die Patientin erhält am 15. Mai 1996 (gute Zeit fürs MAIglöckchen?) Convallaria C 200.

Den darauffolgenden Tag beschreibt sie so: »Es kam ein wahnsinniger Schmerz hoch, ich fühlte mich wie ein Kind, das aus einem Waisenhaus davonlaufen will, und das Schlimme war, ich konnte nicht mehr ins Nichts gehen, es funktionierte einfach nicht. Ich habe fast durchgedreht. Am Abend trank ich vor Erschöpfung ein (!) Glas Rotwein und schlief dann ein. Am nächsten Tag war der Spuk vorbei, und ich fühlte mich wie erlöst.« Inzwischen sind acht Monate vergangen. In dieser Zeit wurde Convallaria zwei weitere Male verabreicht (wegen beginnender depressiver Verstimmung), beide Male hellte sich die Stimmung rasch wieder auf.

Zur Freude ihres Mannes und ihrer eigenen ist das sexuelle Verlangen seit der ersten Convallariaverordnung nicht nur vorhanden, sondern auch erfüllend lebbar, und es gab in dieser Zeit keine Alkoholexzesse mehr.

Ein interessantes Detail von M.s leidvoller Geschichte ist, daß in jener beschämenden Convallariaschlüsselszene zu Beginn ihrer Pubertät *zwei Frauen*,

Mutter und Tante, sie ausgelacht hatten, — also eine szenische Wiederholung des Zweifrauenphänomens vieler Träume unserer Probandinnen.

CONVALLARIA

AUSBLICK UND DANK

Unsere Mosaiksteine zu den Arzneimittelbildern der drei Arzneien Berberis, Rhododendron und Convallaria bedürfen noch umfangreicher klinischer Bewährung, um vollständige Bilder zu werden.

Im Jänner 1996 lasen wir in den Zeitungen von Materie und (der in Genf erstmals erzeugten) Antimaterie, die sich zueinander wie Spiegelbilder verhalten, und bei deren Zusammentreffen nichts bleibt als Energie. Wir können nicht umhin, dies mit homöopathisch geschärftem Blick in Zusammenhang mit dem Simile-Prinzip zu bringen: mit dem Phänomen und seinem Spiegelbild, dem Simillimum, bei deren Begegnung Energie - Lebenskraft im Sinne Hahnemanns - entsteht.

So wünschen wir unseren Patienten, Lesern und uns selbst, daß unsere Arbeit zu manch segensreicher, heilender Reflexion beitragen möge.

Viele Menschen haben zu unserem Buch beigetragen, indem sie uns ihr Wissen, ihr Geschick, ihre Kompetenz oder einfach ihre Anwesenheit zur Verfügung gestellt haben. Ihnen allen gilt unser tiefer Dank:

Unseren Eltern und Kindern:
fürs Freimachen, Arbeiten-Lassen und Abwesend-Sein-Dürfen!

Unseren Probanden, die bei unseren Traumarzneimittelprüfungen in besonderem Maß gefordert wurden. Dank auch für den Mut zur Offenheit, intime Träume im Rahmen einer Gruppe, beim systemischen »Aufstellen« oder in vielen Aufarbeitungsgesprächen mit den Prüfungsleitern preiszugeben.

E. C. *Whitmont*, an dessen Weisheit wir durch unsere Arbeit an den Träumen unserer ProbandInnen teilhaben durften. Seiner Ermutigung, Korrektur und Supervision verdanken wir viel von dem, das wir unseren Lesern in diesem Buch vorlegen.

Heide *Brunner*, Salzburg-Retz, der wir die Sicherheit optimaler Arzneiqualität —sowohl bei der Prüfung unserer Arzneien wie auch der Anwendung an unseren Patienten — verdanken.

Tony *Grinney* für seine wichtige und konstruktive Kritik am Berberis-Teil unseres Buches.

Hans-Jörg *Hee*, Homöopath und Psychoanalytiker aus St Gallen für die Überlassung seines Anamnesefragebogens, der (in einer durch uns erweiterten Fassung) als Grundlage für die Statuserhebung unserer Probanden diente.

Christl *Lieben*, Psychotherapeutin in Wien, für das einfühlsame Begleiten unserer Rhododendron-Prüfgruppe, für viele wertvolle Anregungen, die uns halfen, die Träume unserer Probanden besser zu verstehen.

Robert *Müntz*, Apotheker in Eisenstadt, für seine hohe fachliche Kompetenz und sein begeistertes Interesse an der Homöopathie, der gemeinsam mit

Friedrich *Dellmour*, Homöopath, Chemiker und Publizist, die Urtinktur für unsere Convallaria-Prüfung zur Verfügung stellte.

Gerhard *Buchbauer*, Professor am Institut für Pharmazeutische Chemie an der Universität Wien,

Gerhard *Peithner* und Hans *Swoboda*, Fa Peithner KG, Wien, und

Martin *Doskar*, Apotheker in Wien, die wissenschaftliches Material zu Convallaria verfügbar machten.

Catherine *Reichel*, die sich in Wälder und Höhen des Landes Salzburgs aufmachte, um Berberis aus den verschiedensten Blickwinkeln fotografisch einzufangen.

Daniela *Russ*, Freundin, Homöopathin und Psychotherapeutin aus Wien, die eine lange und gründliche Korrekturlesung besorgte.

Jeremy *Sherr*, Malvern, für seine wertvollen Anregungen zu Rhododendron.

Helge *Süß*, »EDV-Gelehrter« und geduldiger Hilfesteller bei allen möglichen und unmöglichen technischen Problemsituationen.

Hedwig *Ücker-Geischläger*, Analytikerin der Jungschen Schule, Fachärztin für Psychiatrie und Neurologie in Wien, für ihre Anregungen und Kommentare zu Arzneiträumen.

Massimo *Mangialavori*, Modena, für seine inspirierende Art, Homöopathie zu betreiben und zu lehren, und besonders für seine Einsichten in Mandragora.

Dem Verlag. Herrn und Frau *Burgdorf* und unserer Lektorin Ulrike *Hennemuth* für hohe fachliche Kompetenz und umsichtige Betreuung bei der Entstehung dieses Buches.

Unsere Traum-Prüfungsarbeit an Berberis, Rhododendron und Convallaria wird erst durch (weitere) therapeutische Verifikationen als abgeschlossen zu betrachten sein. Wir laden Sie, die sie diese Arzneien verschreiben werden, dazu ein, uns Ihre Beobachtungen mitzuteilen. Auch für inhaltliche und formale Anregungen unsere Traumarbeit betreffend sind wir dankbar.

Und: Noch viele ähnlich stiefmütterlich in unserem homöopathischen Bewußtsein verankerte Arzneimittel warten auf ihre Entdeckung und Erforschung ihrer tieferen Aspekte!

LITERATUR

1.) AEPPLI, E.: Der Traum und seine Bedeutung. Knaur, München 1984.
2.) Ärztewoche, Wien 29.5.1991, S.27: "Warum Honig aus Nordanatolien nicht immer bekömmlich ist". Zeitungsverlagsges.m.b.H., 1010 Wien.
3.) ALLEN, H.C.: Materia Medica of the Nosodes. B. Jain Publ., New Delhi 1988.
4.) ALLEN, T.F.: The Encyclopedia of Pure Materia Medica. B.Jain Publishers Ltd, New Delhi 1985.
5.) APPELL, R. (Hrsg.): Homöopathie - 150 Jahre nach Hahnemann. Standpunkte und Perspektiven. K.F. Haug Verl., Heidelberg 1994.
6.) arznei-telegramm 10/95 und 11/95 (Hrsg.: A.T.I. Arzneimittelinformation Berlin GmbH); Petzower Str. 7, D-14109 Berlin (Institut für Arzneimittelinformation).
7.) AUSTRIA CODEX: Stoffliste zum Austria Codex 1994/95 (Bearb.: WICHO, H.). Österreichischer Apotheker-Verlag, Wien 1994.
8.) BARDEAU, F.: Die Apotheke Gottes, Ullstein, Frankfurt/M.-Berlin-Wien 1978.
9.) BARTHEL, H.: Homöopathische Schätze von und mit Pierre Schmidt. Barthel & Barthel Verlag, Schäftlarn 1994.
10.) BARTHEL, H., KLUNKER, W.: Synthetisches Repertorium, Bd 1-3, 2.Aufl. K.F.Haug Verlag, Heidelberg 1973.
11.) BARTHEL M. (Hrsg.): Das kleine Buch der Arzneimittelbeziehungen. Barthel-Verlag, Berg am Starnberger See 1985.
12.) BASTIAN, H. (Hrsg.): Ullstein Lexikon der Pflanzenwelt. Verlag Ullstein GMBH, Frankfurt-Berlin-Wien 1973.
13.) BAYR, G., GEIR, W., NITZSCHKE A.: Berberis vulgaris. Eine Nachprüfung mit den Potenzen D3 und D30. K.F. Haug Verl., Heidelberg 1984.
14.) BETHEL, M.: The Healing Power of Herbs, Wilshire Book Company, Hollywood, Ca 1973.
15.) BLY, R.: Der Eisenhans. Ein Buch über Männer. Kindler Verlag GmbH, München 1991.
16.) BLACKIE, M.: Classical Homeopathy. Beaconsfield Publ. Ltd., Beaconsfield 1986.
17.) BOERICKE, W.: Pocket Manual of Homeopathic Materia Medica. B.Jain Publ. Ltd., New Delhi, Reprint 1988.
18.)   BOGER, C.M.: Boenninghausen's Characteristics and Repertory. B. Jain Publ., New Delhi, 1989.
19.) BRAUN, H.: Arzneipflanzen-Lexikon. Gustav Fischer Verlag, Stuttgart-New York 1979.
20.) BRUNNER, H.: Die Begegnung mit den Arzneien im Potenzierungsprozeß - Bedrohung, Verwandlung, Er-lösung. In: Homöopathie 150 Jahre nach Hahnemann, APPELL, R. (Hrsg.). K. F. Haug Verlag, Heidelberg 1994.
21.) Consilium Cedip - Naturheilweisen: CEDIP GmbH, München 1987.

22.) CLARKE, J.H.: A Dictionary of Practical Materia Medica, Bd 3. B.Jain Publishers Ltd, New Delhi 1978.

23.) CLARKE, L.: The Chymical Wedding. Picador (J. Cape Ltd), London 1990.

24.) DIETRICH, R.: Analytische Bioenergetik: Bilder, Strukturen und Geschichten. Eigenverlag 1990.

25.) DIE ZEIT. Wochenzeitung für Politik, Wirtschaft und Kultur. Nr 39 (22.9.1995), 50. Jahrgang.

26.) DREWERMANN, E.: Der Herr Gevatter - Der Gevatter Tod - Fundevogel. Arzt und Tod im Märchen. Walter Verlag, Olten und Freiburg im Breisgau 1990.

27.) DREWERMANN, E.: Lieb Schwesterlein, laß mich herein. Grimms Märchen tiefenpsychologisch gedeutet. Deutscher Taschenbuch Verlag, München 1992.

28.) DROSDOWSKI, G., GREBE P. (Bearb.): Duden - Etymologie; Herkunftswörterbuch der deutschen Sprache. Bibliographisches Institut, Mannheim-Wien-Zürich 1963.

29.) ENDLER, P.C., PONGRATZ, W., van WIJK, R., KASTENBERGER: G., HAIDVOGL, M.: Effects of Highly Diluted Succused Thyroxine on Metamorphosis of Highland Frogs. Aus: The Berlin Journal on Research in Homeopathy 1 (Nr. 3): 151-160, 1991.

30.) FAHRENKAMP, K.: Vom Aufbau und Abbau des Lebendigen. Hippokrates-Verlag, Stuttgart 1937.

31.) FARRINGTON, E.A.: A Clinical Materia Medica. C. Ringer & Co., Calcutta

32.) FISCHER, G.: Heilkräuter und Heilpflanzen, 5. erw. Aufl. Karl F. Haug Verlag, Heidelberg 1978.

33.) FISCHER, S.: Blätter von Bäumen. Hugendubel, München 1980.

34.) FREUD, S. (1900): Die Traumdeutung. GW II/III Fischer, Frankfurt am Main.

35.) FRITSCHE, H.: Sinn und Geheimnis des Jahreslaufs. Burgdorf Verlag, Göttingen 1983.

36.) FURLENMEIER, M.: Wunderwelt der Heilpflanzen. Rheingauer Verlagsgesellschaft, Eltville am Rhein, 1978.

37.) GENAUST, H.: Etymologisches Wörterbuch der botanischen Pflanzennamen. 2.Aufl., Birkhäuser Verlag, Basel-Boston-Stuttgart 1982.

38.) GILDEMEISTER, E., HOFFMANN, F.: Die ätherischen Öle, Bd 4.Akademie-Verlag, Berlin 1956.

39.) HACKL, M.: Als-ob-Symptome in der Homöopathie. J.Sonntag, Regensburg 1986.

40.) HÄNSEL, R., HAAS, H.: Therapie mit Phytopharmaka. Springer-Verlag, Berlin-Heidelberg-New York-Tokyo 1984.

41.) HÄNSEL, R., KELLER, K., RIMPLER H., SCHNEIDER, G.: HAGERs Handbuch der Pharmazeutischen Praxis, Bd 4. Springer-Verlag, Berlin-Heidelberg-New York 1992.

42.) HAHNEMANN, S.: Apothekerlexikon, Bd 2. Leipzig 1779.

43.) HAHNEMANN, S.: Versuch über ein neues Princip zur Auffindung der Heilkräfte der Arzneisubstanzen, nebst einigen Blicken auf die bisherigen. In: Kleine medizinische Schriften, Bd I, Hrsg.: STAPF, E. Arnold'sche Buchhandlung, Dresden und Leipzig 1829. 2., unveränderter Nachdruck der Erstausgabe: K.F. Haug Verlag, Heidelberg 1989.

44.) HAHNEMANN, S.: Organon der Heilkunst, Nachdruck der 6.Auflage. Hippokrates Verl., Stuttgart 1982.

45.) HERING, C.: The Guiding Symptoms of Our Materia Medica. B.Jain Publishers Ltd, New Delhi 1988.

46.) HUGHES, R., DAKE, I.P.: A Cyclopedia of Drug Pathogenesy, 4 Bände. B. Jain Publishers,

New Delhi 1995.

47.) HUSEMANN, F., WOLFF, O.: Das Bild des Menschen als Grundlage der Heilkunst, Band II (zur Pathologie und Therapie). Verlag Freies Geistesleben, Stuttgart 1974.

48.) JULIAN, O.A.: Dictionary of Homeopathic Materia Medica. B. Jain Publishers, New Delhi 1984.

49.) JUNG, C.G.: Archetypen. 5. Aufl. Deutscher Taschenbuch Verlag, München 1995.

50.) JUNG, C.G.: Bewußtes und Unbewußtes. Beiträge zur Psychologie. Fischer Verlag, Frankfurt 1957.

51.) JUNG, C.G., von FRANZ, M.-L., HENDERSON, J.L., JACOBI, J., JAFFÉ, A.: Der Mensch und seine Symbole. Walter Verlag, Olten und Freiburg im Breisgau, 1868.

52.) JUNG, C.G.: Über Frundlagen der analytischen Psychologie. Die Tavistock Lectures 1935. Fischer Verlag, Frankfurt 1975.

53.) KEEN, S.: Feuer im Bauch. Über das Mann-Sein. Kabel, Hamburg 1992.

54.) von KELLER, G.: Berberis. Symtomensammlungen homöopathischer Arzneimittel, Heft 10. K.F. Haug Verl., Heidelberg 1982.

55.) KENT, J.T.: Lectures on Homeopathic Materia Medica. Indian Books and Periodicals Syndicate, New Delhi.

56.) KENT, J.T.: Kent's Repertorium der homöopathischen Arzneimittel (Hrsg.: KELLER, G. von, KÜNZLI, J.); Bde 1 bis 3. Karl F. Haug Verlag, Heidelberg 1961.

57.) KNERR, C.B.: Repertory of Hering's Guiding Symptoms of our Materia Medica. B.Jain Publishers, New Delhi 1982.

58.) KÖNIG, P.: Kurzer Erfahrungsbericht über die Bedeutung der Farbwahl bei der homöopathischen Arzneifindung. In: Allgemeine Homöopathische Zeitung 236, 3 (1991). K. F. Haug Verlag, Heidelberg.

59.) KÖNIG, P., SANTOS, U.: Dream Proving of Berberis. In: Homeopathic Links 2/94, CH-3006 Bern.

60.) KÖNIG, P., SANTOS, U.: DREAM Proving of Rhododendron Chrysanthum. In: Homeopathic Links 4/95, NL-9753 BX Haren.

61.) KÖNIG, P., SANTOS, U.: Homöopathie und Psychotherapie - Selbsterfahrung und Arzneierfahrung anhand von Träumen unter "Berberis". In: Homöopathie - 150 Jahre nach Hahnemann (Hrsg.: APPELL, R.), K.F.Haug Verlag, Heidelberg 1994.

62.) KÖNIG, P., SANTOS, U.: Homöopathie und Psychotherapie - Selbsterfahrung und Arzneierfahrung anhand von Träumen unter "Berberis". Erweiterte Fassung. In: Documenta Homoeopathica, Band 14. Wilhelm Maudrich Wien-München-Bern 1994.

63.) KÖNIG, P., SWOBODA, F.: Arzneimittelprüfung mit Acidum succinicum D30. In: Documenta Homoeopathica Bd 6. K.F.Haug Verlag, Heidelberg 1985.

64.) KÖNIG, P., SWOBODA; F.: Erste Arzneimittelprüfung von Magnesium fluoratum D30. In: Documenta Homoeopathica Bd 8. K.F.Haug Verlag, Heidelberg 1987.

65.) KORNERUP, A., WANSCHER, J.H.: Taschenlexikon der Farben. Muster-Schmidt Verlag, Zürich-Göttingen 1981.

66.) KRANICH; E.M.: Die Formensprache der Pflanze. Verlag Freies Geistesleben, Stuttgart 1976.

67.) LANE, I.J.: Convallaria Majalis - A Thesis. In: The North American Journal of Homeopathy; Vol. XIII. (May 1883). Boericke & Tafel, Philadelphia.

68.) LANGE, A.: Two Cases of Sexual Abuse - One with Multiple Personalities. In: Proceedings of the 1992 Professional Case Conference (IFH). Seattle 1992.

69.) LASCHKOLNIG, C.: Berberis - nur ein Ausleitungsmittel? In: Documenta Homoeopathica, Bd 8. K.F. Haug Verl., Heidelberg 1987.

70.) LAWRENCE; B.M.: Essential Oils. Allured Publishing Corporation, Wheaton (IL) 1976-1978.

71.) LEESER O.: Lehrbuch der Homöopathie, Bd B/II: Pflanzliche Arzneistoffe. K.F.Haug Verlag, Heidelberg 1973.

72.) LESIGANG, H.: Latrodectus mactans - Arzneimittelprüfung. In: Documenta Homoeopathica, Bd 12.

73.) Wilhelm Maudrich, Wien - München - Bern 1992.

74.) LIEBENOW, H.: Giftpflanzen, 2.Aufl. Gustav Fischer Verlag, Jena 1981.

75.) LOUTAN, G.: Repertoire de themes et de Materie Medicale dynamique (Übersetzung durch ZARTH, A. et al.), Susanne Studer, Lörrach 1995.

76.) LOWEN, A.: Narzißmus. Kösel, München 1984.

77.) LÜSCHER , M.: Lüscher-Diagnostik (Skriptum). Color-Test Verlag, Luzern 1995.

78.) MADAUS, G.: Lehrbuch der biologischen Heilmittel, Bd 2 und 3. Georg Olms Verlag, Hildesheim-New York 1976.

79.) MASI-ELIZALDE, A.: Überarbeitung der Lehre, Materia Medica und Technik der Homöopathie. Verlag Sylvia Faust, Höhr-Grenzhausen 1993.

80.) MEZGER, J.: Gesichtete Homöopathische Arzneimittellehre, Bd 2, 5.Aufl., K.F.Haug Verlag, Heidelberg 1981.

81.) MÜLLER, H.V.: Die Farbe als Mittel zur Simillimumfindung in der Homöopathie, Band I und II. Karl F. Haug Verlag, Heidelberg 1991 bzw. 1992.

82.) MÜLLER, H.V.: Die Psychoanamnese. K.F. Haug Verlag, Heidelberg 1981.

83.) NASH, E.B.: Leitsymptome in der Homöopathischen Therapie, 9. Aufl. K.F. Haug Verlag, Heidelberg 1979.

84.) NEUMÜLLER, O.-A.:: Römpps Chemie-Lexikon, 8.Aufl. Franckh'sche Verlagshandlung, Stuttgart.

85.) NÖLDNER, W.: Aus Wald und Flur - Pflanzen unserer Heimat. Cigaretten-Bilderdienst, Hamburg-Bahrenfeld 1937.

86.) PEAT, F.D.: Synchronizität - die verborgene Ordnung. Goldmann Verl. 1992.

87.) PEITHNER, G.: Das Maiglöckchen als Arzneimittel. In: Österreichische Apothekerzeitung (Nr 19):

88.) PHATAK, S.R.: Materia Medica of Homeopathic Medicines. B.Jains Publishers, New Delhi 1974.

89.) PHATAK, S.R.: A concise Repertory of Homeopathic Medicines; 2nd Edition. The Homeopathic Medical Publishers, Bombay 1977.

90.) RADAR (Rapid Aid to Drug Aimed Research - Computerprogramm), Version 4.0: Archibel S.A., Avenue de Stassart, 26, 5000 Namur, Belgien.

91.) RECKEWEG, H.-H.: Homoeopathia antihomotoxica, Bd I. Aurelia Verl., Baden-Baden 1981.

92.) RETZEK, H.: Materia Medica of the Human Mind. Based on Roger van Zaandvort´s Complete Repertory 3.0. Leidschendam 1995.

93.) ROHRER, A.: Aalserum - eine Arzneimittelprüfung. In: Documenta Homoeopathica, Bd. 8. K.F. Haug Verl., Heidelberg 1987.

94.) ROHRER, A.: Zur Theorie des Heilens. In: Docu. Homoeopathica Bd. 12. Maudrich, Wien 1992

95.) Samuel Keynotes. Archibel S.A., Namur (Belgien) 1993.

96.) SANKARAN, R.: The Spirit of Homeopathy. Eigenpublikation, Bombay 1991.

97.) SANKARAN, R.: The Substance of Homeopathy. Homeopathic Medical Publishers, Bombay 1994.

98.) SCHATTENFROH, S.: Oh, wie so trügerisch. In: Die Zeit 37/1995, S.33. Zeitverlag Gerd Bucerius, Hamburg.

99.) SCHÖPF, H.: Zauberkräuter. Akademische Druck- und Verlagsanstalt, Graz 1986.

100.) SCHÖNFELDER, P. und I.: Der Kosmos-Heilpflanzenführer. Franckh'sche Verlagshandlung, Stuttgart 1980.

101.) SCHOLTEN, J.: Homeopathy and Minerals. Stichting Alonnissos, Utrecht 1993.

102.) SEIDEL, E.: Archiv für Homöopathische Heilkunde 10 [1831], 3: 139-187.

103.) SHELDRAKE, R.: Das Gedächtnis der Natur. Scherz Verlag, Bern-München-Wien 1988.

104.) SHERR, J.: The Dynamics and Methodology of Homeopathic Provings. Dynamis Books, West Malvern 1994.

105.) SHERR, J.: The Homeopathic Proving of Scorpion. The Society of Homeopaths, Northampton 1985.

106.) STAUFFER, K.: Klinische Homöopathische Arzneimittellehre, 4.Aufl. J. Sonntag, Regensburg 1955.

107.) STRASBURGER, E., NOLL, F., SCHENCK, H., SCHIMPER A.F.W. (von DENFFER, D., EHERNDORFER; F., MÄGDEFRAU, K., SCHUMACHER, W. - Bearb.): Lehrbuch der Botanik für Hochschulen, 30. Auflage. G. Fischer Verlag, Stuttgart 1971.

108.) SWOBODA, F., KÖNIG, P.: Eine Arzneimittelprüfung mit Ginkgo biloba D30. In: Documenta Homoeopathica Bd 11. K.F.Haug Verlag, Heidelberg 1991.

109.) VITHOULKAS, G.: Materia Medica Viva, Bd 5. Burgdorf Verlag, Göttingen 1993.

110.) VOISIN, H.: Materia Medica des homöopathischen Praktikers. K.F. Haug Verlag, Heidelberg 1969.

111.) WEBER, G. (Hrsg.): Zweierlei Glück. Die systematische Psychotherapie Bert Hellingers, 2.Aufl. C. Auer, Heidelberg 1993.

112.) WEISS, R.F.: Lehrbuch der Phytotherapie, 4.Aufl. Hippokrates Verlag, Stuttgart 1980.

113.) WHITMONT, E.C.: Die Alchemie des Heilens. Burgdorf Verlag, Göttingen 1993.

114.) WHITMONT, E.C.: Konflikt - Krankheit. Texte des Seminars Salzburg 1988. Ulrich Burgdorf Verlag, Göttingen 1989.

115.) WHITMONT, E.C.: Psyche und Substanz. Essays zur Homöopathie im Lichte der Psychologi nd. Burgdorf Verlag, Göttingen 1992.

116.) WHITMONT, E.C.: Der Traum in der homöopathischen Praxis. Burgdorf Verlag, Göttingen 1996.

117.) WHITMONT, E.C., PERERA, S. B.: Träume, eine Pforte zum Urgrund. 2. Auflage, Burgdorf Verlag, Göttingen 1996.

118.) WICHO, H. (Bearb.): Stoffliste zur Austria-Codex-Fachinformation 1994/95, 27.Aufl. Österreichischer Apotheker-Verlag, Wien 1993.

119.) WIECK, W.: Söhne wollen Väter. Wider die weibliche Umklammerung. Hoffmann und Campe, Hamburg 1992.

Kurzbiographien der Verfasser:

Peter König — Universitätslektor für Homöopathie an der Universität Wien, Lehrer und Arzneiprüfer, Arzt in der Tradition Samuel Hahnemanns.

Uta Santos-König — Ärztin, Homöopathin, Psychotherapeutin, Träumerin, Mutter dreier Kinder.

Anschrift der Verfasser:

Dr. Peter König & Dr. Uta Santos-König
Poststraße 12
A-3032 Eichgraben
Tel.: (0043-)2773-43879
Telefax: (0043-)2773-438794